Kornelius Novak

Prinzipien erhörter Gebete

Betend zur Erweckung

Lichtzeichen Verlag

Kornelius Novak
Prinzipien erhörter Gebete
Betend zur Erweckung

Umschlag: Daniel Janzen
Satz: Gerhard Friesen

Bestell-Nr. 30-5-773
ISBN 3-936850-35-6

Inhaltsverzeichnis

Vorwort 4

Von Satan beeinflusstes Beten 11

Wir brauchen zum erhörten Beten den Gebetsgeist 13

Nur durch das Blut Jesu können wir zu Gott kommen 14

Gebet folgt der Wahrnehmung Gottes....................................17

Erhörtes Beten sucht den „Geber“ vor den Gaben.................22

Vertrauen zu Gott ist eine Grundlage erhörter Gebete 25

Erhörtes Beten ist Gebet nach Gottes Willen.........................33

Gottes Verheißungen müssen wir betend erwarten 48

Wir müssen uns im Gebet vom Heiligen Geist leiten lassen .53

Das Gebet des Glaubens 58

Gott erhört nur ernsthafte Gebete 61

Zum Beten gehört Ergebenheit 71

Richtig empfangen gehört zum Beten.....................................73

Beharrliches Beten erfährt Erhörung 80

Erwecktes Gebetsleben beginnt gemeinsam...........................96

Gott erhört Fürbitte 106

Gott heilt oder deutet an, was er vorhat 111

Gott tut Wunder...117

Gebet in der Verfolgung..120

Kein Wunder, dass Gott durch Elia Wunder wirkte 122

Vorwort

Die tiefe Sehnsucht nach einem echten Leben mit Gott wächst in der Gemeinde Europas! Das innere Bedürfnis nach wirklicher Heiligung, einem realen Gebetsleben und einer tief greifenden Erweckung nimmt in der Gemeinde Europas zu. Hier und da verdichten sich die Vorzeichen für Erweckung und an manchen Orten ist sie bereits voll im Gange. Die Notwendigkeit für Erweckung ist immer da gewesen. Gott will die geistlich Toten zu einem bewussten und entschlossenen Leben in seiner heiligen Gegenwart erwecken. Doch viele, die das Evangelium gehört haben, sind verhärtet tot geblieben. Andere sind nach ihrer Bekehrung wieder bewusstlos für Gottes Reden und Handeln geworden. Was wir brauchen ist, eine Erweckung aus unserer lauen geistlichen Bewusstlosigkeit hin in die reale Gegenwart Gottes. *„Wach auf, der du schläfst, und steh auf von den Toten, so wird dich Christus erleuchten“* (Epheser 5,14). Die letzten Jahre wurde hier und da viel über Erweckung geredet, sie wurde zu oft prophezeit, es wurden viele Schritte unternommen, aber man hat selten konsequent den einzigen Weg zu einer echten Erweckung eingeschlagen: durch das Gebet. Man kann der Gemeinde nicht vorwerfen, dass sie nicht aktiv gewesen wäre, denn mit allen möglichen und unmöglichen Mitteln haben manche die Erweckung verfolgt. Doch viele waren dabei aktiv und nicht tief. Ohne Gebet haben viele gemacht, was sie können, aber nicht was sie sollen. Ohne Gebet haben viele alles getan, was in ihrer Kraft und Macht steht, aber sie haben nichts aus Gottes Kraft und Vollmacht getan. Vielerorts wurde das Selbstbewusstsein und Selbstvertrauen der Gemeindemitarbeiter gestärkt, aber selten

*Ohne Gebet haben viele gemacht, was sie können, aber nicht was sie sollen.
Ohne Gebet haben viele alles getan, was in ihrer Kraft und Macht steht, aber sie haben nichts aus Gottes Kraft und Vollmacht getan.*

das Gottesbewusstsein und Gottvertrauen gefördert. Der Segen blieb vielerorts aus und Ernüchterung ist eingekehrt.

Wo finden wir echte Erweckung ohne den Beigeschmack von Show, Manipulation, Heuchelei und Sensationsgier? Wo finden wir herzliche Ernsthaftigkeit, ohne uns auf der anderen Seite von Gesetzlichkeit erschlagen lassen zu müssen? Viele Gemeinden haben heute Technik, Bühnen, Show und Bands, alles vom Feinsten, mehr Möglichkeiten als je zuvor, aber wo ist die echte geistliche Wirkung, welche wir in der Schrift verheißen sehen? Die ersten Christen hatten kein Fax, Handy, Auto, Buchdruckerei, nichts – außer Gott und dem Gebet zu Gott! Diese Beter erlebten Gottes wunderbares Eingreifen im wahrsten Sinne des Wortes schlicht und ergreifend und dazu regelmäßig, weil sie sich an Gott und die Regeln des Betens hielten. Die Kirche suchte neue Methoden, um Menschen für die Organisation zu erreichen. Doch Gottes bleibende Methode, um Verlorene zu sich zu ziehen, sind betende Menschen. Beter, die sich aus einer vertrauten Beziehung zu Gott erwecken und heiligen lassen, um das Evangelium im brennenden Geist zu den Verlorenen zu bringen. Der Schlüssel zur Erweckung ist echtes Gebet. Doch viele wissen nichts mit Gebet anzufangen. Ich wurde einmal für eine „christliche" Podiumsdiskussion im Fernsehen eingeladen. Da ich für diesen Termin schon einer kleinen Dorfgemeinde zugesagt hatte, bat ich die Veranstalter dafür zu beten, damit ich Klarheit darüber bekommen würde, was Gottes Wille sei. Die Antwort lautete: „Beten können die Alten, wir machen lieber etwas für Gott." Erschreckend, wie wenige wissen, was ein Gebetsleben wirklich ist und möglich macht, nämlich das Unmögliche!

Die Kirche suchte neue Methoden, um Menschen für die Organisation zu erreichen. Doch Gottes bleibende Mothodo, um Verlorene zu sich zu ziehen, sind betende Menschen.

Täuschungen und Enttäuschungen: Dass Gott heute genauso wunderbar aktiv ist wie eh und je, daran hatte ich lange Jahre meine Zweifel. Hier und da kam ein Gastredner in die Gemeinde, der Dinge mit Gott erlebt haben wollte, die uns ins Staunen versetzten, aber nicht in den Zustand, dass wir Gott auch wunderbar erlebten. Dann lernte ich viele Leute kennen, die versuchten sich mit geistlichen Illusionen und emotionalen Manipulationen aufzubauschen, wie es sich nachher herausstellte. Überzeugend war das nicht, denn wenn die Show und Musik vorbei war, förderten die Umstände des Alltags alles zu Tage, was diese modern religiöse Show zu verbergen versuchte. Ich besuchte einige Zeit solch einen Hauskreis. Wie erstaunt war ich anfangs über deren Erlebnisse mit Gott, ihren Gefühlsausbrüchen, ihren inneren Bildern und Prophezeiungen, die sie füreinander hatten. Als ich die Hauskreisbesucher aber länger beobachtete, blieb mir nichts anderes übrig als die Echtheit dieser Phänomene anzuzweifeln und ihnen eines Abends zu sagen: „Ich habe den Eindruck, dass hier einer dem anderen was vormacht. Ihr bauscht euch hier gegenseitig emotional hoch, aber das trägt euch nicht wirklich und ihr werdet irgendwann einbrechen." Die Leute im Hauskreis waren sehr erbost über meine Einschätzung und wollten mir klarmachen, dass ich eine negative Haltung dem Heiligen Geist gegenüber hätte und manches andere. Etwa zwei Jahre später traf ich einen der Hauskreisteilnehmer und er sagte ohne Umschweife: „Du hast Recht gehabt. Von den acht Leuten im Hauskreis ist nur noch einer dabei. Die anderen sind vom Glauben abgefallen und fast alle von uns nehmen Drogen, zwei sogar Heroin. Als du das damals sagtest, traf es mich ins Herz. Ich wusste genau, dass es auf mich zutrifft. Wir gingen wirklich in die

> *Wenn uns doch die Augen über die Zusammenhänge von unserem Gebet und dem Wirken Gottes aufgehen würden, dann würden wir uns in die Gebetsversammlungen unserer Gemeinden drängen!*

Gemeinde und den Hauskreis, um uns mit Jesus aufzuputschen. Aber am nächsten Morgen war ich emotional immer im Keller und hangelte mich bis zum nächsten Treffen. Aber ich meinte, dass es nur mir so ging, und ich wollte so sein wie die anderen. Heute weiß ich, dass die nicht besser dran waren als ich." Ist das nicht grauenhaft und alarmierend? Wie viele Gemeinden sind so oder ähnlich zerbrochen?! Wie lange wollen wir uns gegenseitig mit emotionalen Illusionen puschen und verführen? Durch die vielen negativen Erlebnisse mit falschen Prophetien, machtgierigen und selbstdarstellerischen Leitern, zog ich mich eher zurück, als das ich mich für Gottes Realität geöffnet hätte. Wenn das die Erweckung sein sollte, was manche da bastelten, dann wusste ich auch nicht. Viele Erfahrungen in meinem Umfeld verschiedener Gemeinden verdichteten sich in mir zu einem Bild. Ich sah mich, wie ich in einer dürren Wüste versuchte ein Flussbett zu schaufeln. Dabei betete ich im Schweiße meines Angesichts ständig, dass der Herr doch das Wasser dazu geben würde. Von außen betrachtet erschien mir dieser Vorgang absolut sinnlos! Es ist doch klar, dass sich jeder Fluss sein Flussbett selber gräbt, wenn das Wasser kraftvoll aus der Quelle fließt. Da zeigte mir der Herr, wie unnütz so vieles ist, was ich selber und wir in den Gemeinden zusammenschaufeln. Die einen schaufeln sich mit ihren Aktivitäten und Projekten ab und warten vergebens auf Segen, die anderen schaufeln sich in einen Gefühlsrausch nach dem anderen und können mit ihren religiösen Täuschungen nur enttäuscht werden. Andere schaufeln sich durch eine Dürre von überholten Traditionen. Die Dürre wird damit nur größer und der Frust und die Niedergeschlagenheit noch ärger. Gott ließ durch Jeremia für alle Zeiten ausrichten, was das Problem unserer ungesegneten Schaufelarbeiten ist: *„Denn mein Volk tut eine zweifache Sünde: Mich, die lebendige Quelle, verlassen sie und machen sich Zisternen, die doch rissig sind und kein Wasser geben"* (Jeremia 2,13). Wir haben eine Unmenge von gut aussehenden Zisternen in unseren Gemeinden. Dinge, die so aussehen, als ob Segen rauskommen müsste, aber sie geben kein

Wasser. Würden wir in einer vertrauten Beziehung mit Gott leben, dann wäre Gott unsere Quelle und Fülle! Ströme des lebendigen Wassers würden sich kraftvoll gesegnete Flussbetten graben. Es ist schon eine berechtigte Frage: Wo ist dieses schlichte, aber ergreifende Wirken Gottes erlebbar? Die Antwort wird vielen immer deutlicher: Da, wo Menschen schlicht und ergreifend zu Gott beten und alles von ihm erwarten. Es mag so geistlich und wichtig aussehen wie es will, wenn etwas an die Stelle Gottes und des Gebetes tritt, ist es eine rissige Zisterne. Es wird nicht das rauskommen, was wir erwarten, auch wenn es immer den Anschein haben wird, dass da doch was rauskommen müsste.
Ich erschrak durch das Lesen einiger Biografien, als mir das Ausmaß des Segens bewusst wurde, den Gott immer wieder durch einzelne Menschen fließen lassen konnte, wenn sie ernsthaft beteten. Ganze Länder wurden teilweise durch das Leben Einzelner verändert, wie z.B. durch den Erweckungsprediger Charles G. Finney, durch dessen schlichte Verkündigung nicht nur unzählige Gemeinden, sondern mit ihnen teilweise ganze Ortschaften erweckt worden sind. Ich habe nichts gelesen, was mich mehr beeindruckt und herausgefordert hätte als seine Biografie „Lebenserinnerungen“ und sein Buch „Erweckung“, wo er die Prinzipien für die regelmäßigen Erweckungen niedergeschrieben hat. Diese Erweckungen kamen nicht aus heiterem Himmel, sie kamen nicht hier und dort blieben sie aus, weil Gott etwa souverän ist. Nein, sondern Finney konnte zu recht regelmäßige Erweckungen von Gott erwarten, weil er sich an die offenbarten Prinzipien Gottes hielt. Das Geheimnis seines schlichten, aber ergreifenden Lebens und Dienstes lag in der Fähigkeit seiner Gebete und seiner einfachen logischen und ernsthaften Verkündigung, mit der er die Gemeinden in ein Gebetsleben führte. Diese Auswirkungen waren in jeder Hinsicht gewaltig. Hunderttausende kamen zum Glauben und in ein Gebetsleben. Ist es nicht das, was wir suchen?

Viele sind heute aktiv, aber nicht tief. Versteht mich nicht falsch. Ich habe nichts gegen Gemeindeaktivitäten und Missionseinsätze. Doch irgendwann erschrak ich über folgender Tatsache: Die best getarnteste Flucht vor Gottes eigentlichem Anspruch ist der selbst erwählte „Dienst“ für Gott. Das ist vielen nicht bewusst, aber statt dass sie Gottes Ruf und Berufung folgen und Gottes Willen verwirklichen, verwirklichen sie sich in den Gemeinden selbst. Das muss bewusst gemacht werden, wenn es zur Erweckung kommen soll! Hier leben viele in einer religiösen Täuschung über sich selbst. Viele Mitarbeiter in Gemeinden, die ich besuchte, erkannten diese Situation und bekannten es auch. Ein Mitarbeiter sagte zu mir: „Ich bin seit meiner Kindheit aktiv dabei, in der Gemeinde angesehen und ich wünsche mir so sehr, dass sich meine Kinder für Gott entscheiden, aber ich merke heute, dass ich im Grunde Gott misstraue und mit allem, was ich in der Gemeinde tue, nur auf Distanz zu Gott bleiben will.“ Ein Pastor teilte mir mit, was ich so oder ähnlich auch von vielen anderen gehört und selbst erlebt habe. „Unsere Gemeinde ist langsam aber sicher durch die ganzen sog. Prophezeiungen und Weissagungen kaputt gegangen. Minderwertigkeitskomplexgeplagte Hausfrauen und Selbstdarsteller wollten wenigstens am Sonntag im Mittelpunkt stehen. Viele Glieder der Gemeinde haben ihre Wünsche und Einbildungen als Wille Gottes angekündigt. Hunderte Male wurde Erweckung verheißen, bis der Scherbenhaufen komplett war. Heute erst durchschaue ich das Desaster.“ Alle Illusionen müssen früher oder später scheitern, damit man gescheiter wird! Die Gemeinde muss hier erwachen! Viele meinen es gut, erkennen aber nicht, dass das Gute der Feind des Besten ist. Sie halten ihre gut gemeinten Wünsche für den Willen Gottes und irren sich gewaltig dabei, indem sie sich und andere in die Irre führen. Gerade auch bei denen, die so oft von Erweckung reden, muss eine Erweckung stattfinden,

> *Die best getarnteste Flucht vor Gottes eigentlichem Anspruch ist der selbst erwählte „Dienst“ für Gott.*

denn Erweckung ist das, was passiert, wenn eine Gemeinde aus „Träumen“, egal welcher Art, erwacht und in die Wahrheit von Gottes heiliger Gegenwart kommt.

Rechne mit Gott: Gott will, dass wir jeden Augenblick mit ihm und seinem Eingreifen und Wirken rechnen. Rechnen muss man lernen! Wie lange haben wir gebraucht, um den Unterschied zwischen eins plus eins und ein mal eins zu begreifen? Beim Erlernen der Gebetsprinzipien sind wir meiner Erfahrung nach, noch viel unwilliger. Doch so werden wir nicht weiterkommen. Wir können bei Gott nicht eins plus eins und ein mal eins das Gleiche sein lassen und meinen, dass er uns segnet, sondern wir müssen lernen betend mit Gott zu rechnen! Man darf sich nicht wundern, wenn Gebete unerhört bleiben, wenn man diese Unterschiede nicht macht und diese offenbarten Prinzipien nicht beachtet. Die offenbarten Gebetsprinzipien zu ignorieren und zu meinen, dass Gott schon erhören wird, heißt Gott zu versuchen, denn Gott hat uns diese Prinzipien offenbart, damit wir sie betend umsetzen, um erhört zu werden.

Die offenbarten Gebetsprinzipien zu ignorieren und zu meinen, dass Gott schon erhören wird, heißt Gott zu versuchen.

Von Satan beeinflusstes Beten

Die Tatsache, dass es Prinzipien gibt, die 100% Gebetserhörungen garantieren, mag den einen oder anderen Leser skeptisch machen. Das wird daher kommen, weil es die Erfahrung der meisten ist, dass Gott ihre sog. „Gebete“ nicht erhört. Manche formulieren ihre Wünsche an den Himmel und wenn sie nicht bekommen, um was sie gebeten haben, zweifeln sie am Nutzen des Gebets. Nach solchen unerhörten „Gebeten“ tauchen folgende Gedanken auf: „Gott gibt es nicht, denn er hat mich nicht erhört.“ Oder: „Gott gibt es schon und er erhört sicher, aber er will mich nicht erhören.“ Oder: „Gott gibt es, aber beten ist sinnlos, er wird eh souverän tun, was er will.“ Wenn wir so oder ähnlich denken, dann hat Satan genau das erreicht, was er wollte. Achtung! Es gehört mit zu Satans Strategie, dass er versucht uns zu täuschen, indem er in uns Wünsche weckt, die Gott sicher nicht erhören wird, damit wir von Gott enttäuscht sind. Gott lässt ausrichten: *„... ihr bittet und empfanget nichts, weil ihr übel bittet, auf dass ihr es in euren Lüsten vergeudet. Ihr Ehebrecher, wisset ihr nicht, dass die Freundschaft der Welt Feindschaft wider Gott ist? Wer nun irgend ein Freund der Welt sein will, stellt sich als Feind Gottes dar“* (Jakobus 4,3). Ist das nicht schockierend? Manche verhärten sogar betend ihre selbstsüchtige Feindschaft gegen Gott! Das müssen wir uns mal bewusst machen, denn viele tun das sicher unbewusst, was die Sache aber nicht besser macht. Hinter vielen unserer Wünsche steckt in Wirklichkeit Satan, der in der Luft herrscht und Zeit unseres Lebens versuchen wird, unser Denken, und so unsere Begierde zu beeinflussen (Epheser 2,1ff). Damit haben viele unserer Wünsche und sogar auch Gebete ihren Ursprung bei Satan. Satan beeinflusst das selbstsüchtige

> *Achtung!*
> *Es gehört mit zu Satans Strategie, dass er versucht uns zu täuschen, indem er in uns Wünsche weckt, die Gott sicher nicht erhören wird, damit wir von Gott enttäuscht sind.*

Denken und schickt uns mit „üblen“ selbstsüchtigen Gebeten zu Gott, die Gott nicht erhören wird. Satan hat mit diesen Aktionen ein konkretes Ziel. Da wir von Satan getäuscht und ins Gebet geschickt worden sind, können wir nur enttäuscht werden. Wir sind dann aber leider von Gott enttäuscht, weil wir von ihm nicht bekommen haben, was wir wollten. Wir beginnen dann an der Existenz Gottes und seinem Wohlwollen zu zweifeln oder wir meinen zumindest, dass Beten nichts nützt und das ist genau das, was Satan will. Wenn wir so beten wollen, dass Gott uns erhört, müssen wir uns dieser Zusammenhänge bewusst sein und beim Beten wachen, damit wir nicht in Versuchung fallen und um Dinge beten, die Satan will.
Wenn wir von Gott nicht bekommen haben, was wir wollten, dann ist das kein Beweis dafür, dass es Gott nicht gibt oder dass Gebet zwecklos wäre, sondern dass wir aus einer Haltung heraus beten, die es Gott unmöglich macht, uns zu erhören, oder dass das Anliegen an sich nicht mit Gottes Segen vereinbar ist.

Wir wollen uns nun im Folgenden einzelne Prinzipien ansehen, wie wir so beten können, dass Gott uns erhört.

1. Prinzip: *Wir brauchen zum erhörten Beten den Gebetsgeist*

Beten ist eine geistliche Angelegenheit und deshalb brauchen wir den Heiligen Geist, welchen Gott verheißen hat. *„Aber über das Haus David und über die Bürger zu Jerusalem will ich ausgießen den Geist der Gnade und des Gebets; denn sie werden mich ansehen, welchen jene durchbohrt haben…“* (Sacharia 12,10). Beim Heiligen Geist, den wir in der Wiedergeburt empfangen, handelt es sich um den von Gott verheißenen Gebetsgeist. Bei der Wiedergeburt werden wir lebendig durch Gott und für Gott und betend kommen wir in eine immer tiefer werdende vertraute Beziehung zu Gott, unserem Vater, wo Gebetserhörungen normal sein sollten. Alle Wirkungen des Heiligen Geistes in unserem Leben und Dienst haben etwas mit unserem Gebet zu tun und sind nicht davon zu lösen. Es ist Gottes Wille, dass wir in der Fülle des Geistes leben. Das bedeutet auch, dass Gott will, dass wir ein erfülltes Gebetsleben anstreben sollen. Es ist interessant, was alles über den Heiligen Geist diskutiert wird, statt dass man ihm Raum gibt und ein wunderbares Gebetsleben anstrebt. Wir können uns einreden lassen, was wir hören wollen, aber wenn wir nicht so beten, dass Gott uns erhört, dann werden wir kaum die Geistesfülle haben, die wir haben sollten, denn der Heilige Geist ist auch der Geist des Gebets.

Beim Heiligen Geist, den wir in der Wiedergeburt empfangen, handelt es sich um den von Gott verheißenen Gebetsgeist

2. Prinzip: *Nur durch das Blut Jesu können wir zu Gott kommen*

Die Verheißung des Gebetsgeistes ist nicht von dem „Durchbohrten“ zu trennen, den wir ansehen müssen. Das Blut Jesu ist die Voraussetzung dafür, dass wir uns Gott nahen können. Paulus schreibt dazu: *„Jetzt aber, in Christus Jesus, seid ihr, die ihr einst fern wart, durch das Blut des Christus nahe geworden“* (Epheser 2,13). Es gibt nur einen Weg zu Gott und einem Gebetsleben mit Erhörungen, und der heißt Jesus Christus: *„niemand kommt zum Vater als durch mich“* (Johannes 14,6). Nur durch den stellvertretenden Tod Jesu am Kreuz haben wir die Vergebung der Sünden und damit den freien Zugang zu Gott. Wir müssen uns bewusst machen, dass Gott uns nicht zuerst erhört, weil vielleicht unsere Not so groß ist, sondern zuerst deshalb, weil Gott das Blut Jesu sieht. Unsere Not mag zum Himmel schreien, aber unsere Schuld schreit noch lauter. Das Blut Abels schrie auch zu Gott. Unsere Sünde und die ewigen Konsequenzen in der Verdammnis ist die größte Not vor allen anderen Nöten, in denen die Menschheit steckt. Da kommt ein Mann zum Arzt mit einer kleinen Wunde und bittet um ein Pflaster, doch der Arzt erkennt darunter schwere Knochenbrüche und will schnellstens operieren. Was soll er aber machen, wenn der oberflächliche Patient nur die Oberfläche der Wunde behandelt haben möchte und sich weigert, den wirklichen Eingriff zuzulassen? So ist es oft bei uns Menschen mit Gott. Alles, was uns bewegt und worunter wir leiden, ist nichts im Vergleich zu der Sünde und den ewigen Konsequenzen, von denen uns Gott als Heiland heilen will. Wenn wir das doch unserem Arzt und Heiland glauben würden. Jesus hat diese Priorität sehr deutlich gemacht, indem er Schwerkranken die Sünden vergab, und erst als Zeichen für dieses unsichtbare

> *Unsere Not mag zum Himmel schreien, aber unsere Schuld schreit noch lauter!*

Bin ich bereit, sogleich meine Schuld im Angesicht des Heiligen Gottes zu erkennen, zu bekennen, um Vergebung zu bitten und wieder gut zu machen, wenn ich ins Gebet gehe? Anders wird Gott nicht hören wollen.

Geschehen die körperliche Krankheit heilte, um zu zeigen, dass er wirklich die Macht hat, Sünden zu vergeben. (Matthäus 9, 1ff). Vertraust du darauf, dass du nur durch das Blut Jesu zu Gott kommen kannst? Hier sollten wir mal in uns gehen und uns prüfen, auf welcher Grundlage wir ins Gebet gehen. Höre ich, wie meine Schuld zu Gott schreit? Höre ich, wie mein Gewissen unter der Sündenlast stöhnt und mich anklagt? Bin ich bereit, sogleich meine Schuld im Angesicht des Heiligen Gottes zu erkennen, zu bekennen, um Vergebung zu bitten und wieder gut zu machen, wenn ich ins Gebet gehe? Anders wird Gott nicht hören wollen. *„Und wenn ihr schon eure Hände ausbreitet, verberge ich doch meine Augen vor euch; und ob ihr schon viel betet, höre ich euch doch nicht; denn eure Hände sind voll Blut. Wascht euch, reinigt euch, tut eure bösen Taten aus meinen Augen, lasst ab vom Bösen“* (Jesaja 1,15.16). Von Sünde waschen können wir uns nur im Blute Jesu.

Falsche Grundlagen des Gebets:

Gefühle: Beten nur, wenn ich mich gut fühle oder nur beten, wenn es mir schlecht geht, hat mein Ego zum Mittelpunkt. Auch wenn es fromm aussehen mag, so ist doch das Gebet nur ein Element in meiner selbstsüchtigen Selbstverwirklichung.

Werke: Manche wollen aufgrund ihrer guten Taten und Leistungen zu Gott kommen und erwarten insgeheim hochmütig, dass sie nun Ehre und Lohn bekommen. Sie merken nicht, dass sie mit ihren sog. guten Taten nicht die Schuld verdecken können, die auf ihnen lastet und die sie von Gott trennt.

Maria: Manche meinen, dass Gott sie erhören wird, wenn sie zu sog. „Heiligen“ beten oder zu Maria, der Mutter Jesu, aber das sind religiöse sektiererische Irrlehren. Solche Bitten wird Gott nicht erhören. Maria kann uns im Gebet überhaupt nicht helfen. Nicht „Maria bitt für uns“, sondern Maria war ebenfalls eine Sünderin in Gottes Augen und musste von Gott begnadet werden, damit sie etwas mit Gott zu tun haben kann (Lukas 1, 28). Gott hätte in seiner Gnade genauso gut Ursula Maier erwählen können, damit sie Jesus zur Welt bringt. Kein Heiliger kann uns beim Beten was nutzen. Es ist eine Irrlehre, dass es manche gibt, die in ihrem Leben so viel Gutes getan haben, und wir davon profitieren könnten. Gottes Wort sagt das Gegenteil, nämlich, dass keiner gerecht ist, auch nicht einer! (Römer 3,10). Alle brauchen Vergebung durch das Blut Jesu und das gilt auch für uns.

Religionen: Heute ist die falsche Ansicht weit verbreitet, dass alle Religionen den gleichen Gott meinen. Doch Jesus sagt deutlich: „Niemand kommt zum Vater als durch mich“ (Johannes 14,6). Niemand, das sind fast alle - mit dem ganzen Rest. Alle Religionen haben ihren Ursprung in Menschen, die sich „gottverlassen“ darüber Gedanken machten, wie Gott sein könnte und sich dabei auf ihre eigenen Vorstellungen verlassen haben. Daraus haben sich Lehrsätze, Rituale und Traditionen entwickelt, die teilweise ganze Gesellschaften durchdrungen haben. Was manchmal ganz beeindruckend aussieht, hat aber seinen Fehler am Anfang. Da war ein Mensch ohne Gott, also ein Gottloser, und deshalb kann das Ergebnis der eigenen Vorstellungen nur ein gottloser Gott sein. Gott ist absolut antireligiös! Er verabscheut alle Religionen. Wie würde ich das finden, wenn es einen gäbe, der mich nie kennen gelernt hat und in aller Welt herumerzählt, dass ich 150 cm groß bin, grüne Haare habe und Vespa fahre? Stellt euch vor, er stellt überall Statuen auf mit einem grünhaarigen Vespafahrer.

Wir sollten aufhören, uns Vorstellungen über Gott zu machen, weil Gott sich in seinem Wort offenbart und in Christus vorstellt.

Wie finde ich das? Gott verabscheut Religionen, weil es sich dabei um Gottesvorstellungen von gottlosen Sündern handelt. Wir sollten aufhören, uns Vorstellungen über Gott zu machen, weil Gott sich in seinem Wort offenbart und in Christus vorstellt.

Wir müssen uns bewusst machen, dass der stellvertretende Tod Jesu für uns der einzige Weg in eine Beziehung mit Gott ist. Wir brauchen das Blut Jesu nicht nur für das Bekehrungsgebet, sondern jeden Tag aufs Neue, wenn wir unsere Beziehung zu Gott aufrecht erhalten wollen, tiefer von Sünde befreit werden wollen oder erneut in Sünde gefallen sind und unsere Beziehung nicht auf Illusionen aufgebaut sein soll.

3. Prinzip: *Gebet folgt der Wahrnehmung Gottes*

„Aber ohne Glauben ist's unmöglich, Gott gefallen; denn wer zu Gott kommen will, der muss glauben, dass er ist und denen, die ihn suchen, ein Belohner sein wird" (Hebräer 11,6).
Der wahre Glaube nimmt Gott wahr, so wie Gott sich in seinem Wort offenbart. Wer wirklich glaubt, der hört auf, an selbst gebastelten religiösen Illusionen über Gott festzuhalten. Niemand wird erhörend beten, es sei denn, er glaubt, dass Gott da ist, ihn hört und nach seiner Verheißung handeln wird. Für einen Menschen, der nicht an die Gegenwart und Allmacht Gottes glaubt, ist es Unsinn zu beten. Wenn wir beten wollen, dann müssen wir *„glauben, dass Gott ist."* Wir können den Gedanken an Gott verdrängen, aber wir sind für ein Leben mit Gott geschaffen. Ein ehemaliger Soldat der Fremdenlegion bestätigte es mir. „Im

Schützengraben gibt es keine Atheisten," sagte er, „ich habe dort die größten Spötter nach Gott schreien hören." Aber wir wollen es oft nicht wahrhaben, dass wir für ein Leben mit Gott geschaffen sind. Nimmst du Gott wahr?

Gott „wahrnehmen" heißt erstens: Gott als Wahrheit annehmen, so wie er sich im Wort offenbart. Gott wahrnehmen heißt auch: Ein Bewusstsein von seiner Gegenwart haben. Hier ist das grundsätzliche Element des Glaubens und Betens. Was würde alleine das für Auswirkungen auf uns und durch uns haben, wenn wir wirklich glauben würden, dass Gott gegenwärtig ist und jetzt und hier in uns und durch uns wirksam werden möchte? So viele Menschen behaupten, eine persönliche Beziehung zu Gott zu haben. Was für Floskeln das oft sind! Bedenke doch einmal, was ein Gottloser darunter versteht, wenn du sagst, dass du eine persönliche Beziehung zu dem lebendigen Gott hast, zum heiligen Herrn der Heerscharen, zum allmächtigen und allwissenden Schöpfer des Universums, zu dem, der die Schlüssel der Hölle und des Reiches Gottes hat! Was erwartet er zu recht an Auswirkungen und Konsequenzen in unserem Leben? Diese Konsequenzen sucht der Gottlose in den kleinen Situationen deines Alltags. Deshalb sagt Jesus auch, dass wir im Geringen treu sein sollen. Es ist doch leider so, dass so viele Menschen genau diese Auswirkung der Gegenwart Gottes in ihrem Denken, Reden und Handeln vermissen lassen. So viele Menschen sprechen davon, dass sie Gemeinschaft mit Gott haben, aber ihr Verhalten in den einzelnen Lebensbereichen lässt die Auswirkungen der heiligen Gegenwart Gottes vermissen und sie werden in den Augen der Gottlosen zurecht als Scheinheilige und Heuchler gelästert, da können sie aktiv sein, wie sie wollen. Es gibt einen Unterschied zwischen Wissen und Wahrnehmung. Der Blinde kann wissen, dass es Farben gibt, der Sehende nimmt sie wahr! Der lebendige

Gott wahrnehmen heißt auch: Ein Bewusstsein von seiner Gegenwart haben. Hier ist das grundsätzliche Element des Glaubens und Betens.

Glaube nimmt Gott unter allen Umständen und in jeder Situation wahr. Frage: Nimmst du Gott wahr? Hast du ein Bewusstsein von Gottes Gegenwart? Was denken die Verlorenen in deiner Umgebung über die Echtheit deines Glaubens? Das echte Christentum besteht nicht zuerst in christlicher Aktivität, sondern in der Wahrnehmung Gottes. Bist du lebendig für Gott und sein Reden und Handeln? *„Was vom Fleisch geboren wird, das ist Fleisch, und was vom Geist geboren wird, das ist Geist"* (Johannes 3,5). Was meint Jesus damit? Durch die körperliche Geburt (Fleisch) werden wir lebendig für die Welt in ihren vielfältigen Beziehungen. Durch die Widergeburt (Geist) werden wir durch Gott lebendig gemacht für eine lebendige und vertraute Beziehung mit Gott. Die Juden beteten im Tempel, dem „Gebetshaus", zu Gott. Die Samariter hatten einen Berg, auf dem sie zu Gott beteten. Das religiöse Beten war damit an einen bestimmten Ort begrenzt. Als eine Frau am Brunnen mit Jesus über die verschiedenen Gebetsorte spricht, da belehrt sie Jesus eines Besseren. *„Aber es kommt die Zeit und ist schon jetzt, dass die wahren Anbeter den Vater anbeten im Geist und in der Wahrheit; denn der Vater will solche Anbeter haben. Gott ist ein Geist und die ihn anbeten, die müssen ihn im Geist und in der Wahrheit anbeten"* (Johannes 4,23.24). Jesus macht der Frau klar, dass Gott nicht auf einen Ort zu begrenzen ist und dass Gott Anbeter mit einer anderen Qualität haben will, Menschen, die Gott so wie er ist, als Geist, wahrnehmen und anbeten, wo auch immer sie sind. Jesus macht uns durch die Widergeburt zum Tempel des Heiligen Geistes *„Wisst ihr nicht, dass euer Leib ein Tempel des Heiligen Geistes ist, der in euch ist und den ihr von Gott habt, und dass ihr nicht euch selbst gehört? Denn ihr seid teuer erkauft; darum preist Gott mit eurem Leibe"* (1Korinther 6,19.20). Hier wird jede Lebenssituation zum Lobpreis Gottes und zum Gebetshaus des gegenwärtigen Gottes. *„Mein Haus ist ein Gebethaus"* (Lukas 19,46). Du sollst ein Gebetshaus sein, in dem Gott zuhause ist, bei allem, was du tust. Jesus sagt: „Der Vater will solche Anbeter haben." Das ist der Wille Gottes! Mögest du solch ein Anbeter sein, dass du Gott immer und überall wahrnimmst. Es gibt nichts schöneres, als Gott wahrzunehmen, ob ich nachts aufs Klo gehe oder ob ich das Evangelium verkündige.

Beten im Geist: „Im Geist beten“ heißt auf keinen Fall, dass wir *nicht* in unserer Sprache zu Gott sprechen sollten. Ich betone das deshalb, weil mir eine Frau sagte, ihr wurde gesagt, dass sie beim Beten keine deutschen Worte gebrauchen solle, sondern nur „in Zungen“ beten soll, weil Dämonen das deutsche Gebet hören könnten. Ich habe solche Kreise auch erlebt, in denen sogar das Tischgebet „in Zungen“ gesprochen wurde. Das befremdete mich sehr. Ich zweifle nicht daran, dass es „Gebet in Zungen“ gibt, doch diese Ansicht, dass man nur in Zungen beten soll, damit die Dämonen nichts verstehen, ist eine Irrlehre. Jesus hat auch immer deutliche Worte beim Beten gebraucht, in der ganzen Bibel sind uns nur verständliche Gebete überliefert. Gott will, dass wir normal und verständlich mit ihm sprechen. *„Ich will beten mit dem Geist, und will auch beten mit dem Verstand“* (1Korinther 14,15). Wenn Gott das so ausrichten lässt, dann ist es fatal, das eine auf Kosten des anderen hervorzuheben. „Im Geist beten“ bedeutet einfach, durch den Glauben ein Bewusstsein für Gottes Gegenwart zu haben und deshalb überall im persönlichen Gespräch mit Gott dem Vater zu sein. Ich hatte zu einer gewissen Zeit sehr viel zu tun und ließ die „Stille Zeit“ mehr und mehr ausfallen. Es wurde immer stressiger und enger und ich hatte das tiefe Bedürfnis, wieder intensivere Gemeinschaft mit Gott zu haben, aber das schob ich vor mir her. Ich peilte die Weihnachtsfeiertage an, um Gott neu zu begegnen. Um Ruhe zu haben, mietete ich ein Zimmer an der Ostsee und fuhr für die Weihnachtsfeiertage hin, mit der Erwartung, Gott in besonderer

„Im Geist beten“ bedeutet einfach, durch den Glauben ein Bewusstsein für Gottes Gegenwart zu haben und deshalb überall im persönlichen Gespräch mit Gott dem Vater zu sein.

Weise zu begegnen. Angekommen, zündete ich eine Kerze an und ging auf die Knie. Doch irgendwie kam ich Gott nicht wirklich näher. Ich rang verzweifelt und kämpfte mit meinen Gefühlen, bis ich ernüchtert aufstand und die Kerze ausmachte. Ich war enttäuscht, denn ich hatte mich getäuscht. Da erinnerte mich der Geist Gottes, so wie Jesus es verheißen hat (Johannes 14,26), an die Worte Jesu: *„Siehe, ich bin bei euch alle Tage bis an das Ende der Welt“* (Matthäus 28,20). Ich vernahm auch deutlich die Herausforderung, die Jesus auch an Martha richtete: „Glaubst du das?“ (Johannes 11,26) Langsam dämmerte es mir und es wurde mir bewusst: Jesus war die ganze Zeit über bei mir gewesen, den ganzen Herbst. Wo ich mich abgemüht hatte, war er da und ich hatte ihn nicht wahrgenommen. Ich hätte mich mit ihm austauschen können, er hätte mich stärken und ermutigen können und ich hatte es nicht geglaubt! Im Glauben ergriff ich die Tatsache an der Ostsee beim Wort, dass Jesus immer und überall bei mir ist, und ich wusste mich plötzlich in Gottes Gegenwart. Die kommenden Tage an der Ostsee waren mir eine unvergessliche und intensive Zeit mit dem gegenwärtigen Herrn und dieses Erlebnis der Schlüssel dazu, dass ich verstand: Gott ist immer handelnd gegenwärtig bei mir. Echtes Gebet beginnt nicht mit dem Händefalten, sondern das Händefalten und Augenschließen kann das echte Gebet nur vertiefen. Der wiedergeborene Christ lebt nämlich ungezwungen und ungekünstelt seinen Alltag in der Gegenwart Gottes. Das ist eine prinzipielle Grundlage, um beten zu können. Hier ist die Grundlage der Erweckung!

Echtes Gebet beginnt nicht mit dem Händefalten, sondern das Händefalten und Augenschließen kann das echte Gebet nur vertiefen

4. Prinzip: *Erhörtes Beten sucht den „Geber" vor den Gaben*

„Aber ohne Glauben ist's unmöglich, Gott gefallen; denn wer zu Gott kommen will, der muss glauben, dass er ist und denen, die ihn suchen, ein Belohner sein wird" (Hebräer 11,6).

Wie schon erwähnt, besteht der meist verbreitete Irrtum beim Beten darin, dass man meint, durch beten an die Erfüllung seiner selbstsüchtigen Wünsche zu kommen. Auch wenn man diesen Vers oberflächlich liest, dann könnte man meinen, dass Gott dazu da ist um uns für unsere Gebete zu belohnen, und natürlich mit dem was wir uns wünschen, weil uns zugesagt wird, dass Gott ja unser „Belohner" sein will. Doch dieser Vers sieht eine Einschränkung vor, eine Voraussetzung: „…denn wer zu Gott kommen will, … denen die ihn suchen…" Prüfe dich mal, welches Ziel dein Beten zuerst hat? Suchst du im Gebet den „Geber" oder die Gabe? Treibt dich die Sehnsucht nach Gott ins Gebet oder die Selbstsucht? Willst du zu Gott kommen oder nur zu der Erfüllung deiner selbstsüchtigen Wünsche? Gott sagte zu unserem Glaubensvater Abraham etwas Grundsätzliches für jeden, der zum Glauben kommen will und das Beten lernen möchte: *„Ich bin dein sehr großer Lohn"* (1Mose 15,1). Die Belohnung für den Gläubigen ist Gott selber in seinem Leben und nicht unsere selbstsüchtigen Wünsche. Lebendiger Glaube erfreut sich an dem lebendigen Gott. Das Ziel des Glaubenden ist näher und tiefer zu Gott! Gott bietet sich als sehr großer Lohn an und unzählige Menschen kamen bei Gott schon ganz natürlich zur seligen Erfüllung aller ihrer Wünsche! Viele Ungläubige haben mir schon versichert: „Also, wenn es Gott wirklich geben würde, dann leuchtet es mir schon ein, dass dann nichts wichtiger wäre als Gott." Das sagt einem schon die Logik. Aber so verblendet sind wir. Wir falten die Hände und

> *Treibt dich die Sehnsucht nach Gott ins Gebet oder die Selbstsucht?*

wollen etwas relativ Unwichtiges erbeten und es kommt uns nicht in den Sinn, dass wir uns gerade dem heiligen Gott, dem Herrn aller Heerscharen zuwenden! Was an all dem Materiellen könnte den Schöpfer des Universums in deinem Leben ersetzen? Was anderes als Gott könnte dich erfüllen, da du doch von Gott zu ihm hin geschaffen und auf ihn angelegt worden bist? Gott persönlich will dein Leben reich machen. Glaube ich, dass Gott mich zur völligen Zufriedenheit erfüllen will? Diese Frage gilt es nicht von Situation zu Situation zu beantworten, sondern die richtige Antwort sollten wir Gott im Gebet geben und unsere Entscheidung muss alle unsere Lebensbereiche durchdringen.

Die Gabe im Verhältnis zum Geber:

Ich möchte betonen, dass Gott unsere natürlichen Bedürfnisse kennt und wir sicher darum bitten dürfen. Ein Geber heißt ja deshalb Geber, weil er Gaben geben will. Was viele aber in diesem Zusammenhang nicht wahrhaben wollen, ist die Tatsache, dass wir nichts auf dieser Welt von Gott und seiner Gebrauchsanweisung trennen dürfen, sondern dass alles nur im richtigen Verhältnis zu Gott seinen Segen erfährt. So viele Menschen beten z.B. um einen Ehepartner. Aber wenn Gott unser Gebet für einen Partner erfüllen soll, dann sollten wir unsere Einstellung dem anderen Geschlecht gegenüber vielleicht heiligen und uns Gottes Maßstäbe für das Leben in einer Beziehung vergegenwärtigen. Wenn ich meine Beziehung nicht zur Ehre Gottes leben will, dann brauche ich Gott nicht um einen Partner bitten. Wenn Gott etwas gibt, dann soll die Gabe für uns und andere ein Segen sein. Doch keine Beziehung und Gabe kann gesegnet sein, wenn sie sich nicht an Gott und seinem Wort orientiert und so „gelebt" wird, wie Gott es vorgesehen hat. Gott muss das Zentrum unseres Lebens mit allen Lebensbereichen sein, wenn unser Leben ein Segen sein soll.

Gott möchte unser sehr großer Lohn sein. Gott sagt: *„Wer mich von ganzem Herzen sucht, von dem will ich mich finden lassen"*

(Jeremia 29,13). Glaubst du das? Willst du das? Wenn nicht, dann betest du nicht aufrichtig und brauchst dich nicht wundern, wenn du nicht erhört wirst. Menschen, die nur zu dir kommen, wenn sie was wollen, sind egoistische Schmarotzer und nutzen dich aus, oder? Früher habe ich mal eine Geburtstagsfeier mit einem Freund zusammen veranstaltet. Es kamen sehr viele Leute, die ich nicht kannte, und ich meinte zuerst, dass dies Bekannte von meinem Freund sind. Da kam eine Gruppe Kerle auf mich zu und einer fragte mit vollem Mund, was das eigentlich für eine Feier sei. Sie hatten von weitem die Musik gehört, hofften etwas abstauben zu können und meinten, dass ich auch aus dem Grund hier sei. Ich bin richtig sauer geworden und habe sie dann fortgejagt. Wir wollen doch keine egoistischen Schmarotzer sein, wenn wir zu Gott kommen, oder? Es geht Gott um die vertraute Beziehung. Sucht ein Mensch Gott von ganzem Herzen, dann lässt sich Gott von ihm finden, um unser Leben zu segnen. Doch ohne Gott werden alle „guten“ Gaben zum Fluch.

5. Prinzip: *Vertrauen zu Gott ist eine Grundlage erhörter Gebete*

„Solch ein Vertrauen aber haben wir durch Christus zu Gott" (2Korinther 3,4). *„Werfet euer Vertrauen nicht weg, welches eine große Belohnung hat"* (Hebräer 10,35). *„Ich will mein Vertrauen auf ihn setzen"* (Hebräer 2,13). Vertrauen in Gottes Wohlwollen und Handeln ist eine Voraussetzung, um aufrichtig zu beten. Wenn einem ein Licht aufgeht, dass zuerst Gott der sehr große Lohn sein muss, dann erkennt man auch, dass man nicht zuerst verschiedene Anliegen zu Gott bringen soll, sondern sich selber, denn es geht beim Beten zuerst um einen vertrauten Umgang mit Gott, der zur Grundlage und zum Ziel in unserem Leben werden muss. Das ist die Frage: „Vertraue ich Gott, so dass ich ihm mein Leben mit allen Lebensbereichen anvertraue?" Viele sind schnell dafür zu gewinnen, um für eine Gabe oder einen Segen zu bitten, aber sie misstrauen Gott in so vielen Lebensbereichen und bleiben Gott gegenüber misstrauisch. Dieses Misstrauen hält sie davon ab, Christen zu werden und in einer vertrauten Beziehung mit Gott zu leben. Sie beschäftigen sich mit dem Thema Gott, aber wollen nicht zu ihm kommen. *„Ihr forscht in den Schriften, weil ihr meint, darin das Leben zu haben, aber sie ist's, die von mir zeugt, aber zu mir wollt ihr nicht kommen, damit ihr das Leben hättet"* (Johannes 5,39). Es gab zu allen Zeiten solche, die etwas von Gott haben wollen, aber die wenigsten wollen zu Jesus kommen, ihm gehören, auf ihn hören und horchen und ihm gehorchen. Solche Menschen leben ein Leben in völliger Unlogik. Der Verstand sagt einem doch: „Vertraue doch dem, der dein Leben geschaffen hat, er muss ja sicher wissen, wie es gelingen kann." Vertrauen tun wir doch in allen Lebensbereichen. Mein kaputtes Auto vertraue ich der

> *Vertraue doch dem, der dein Leben geschaffen hat, er muss ja sicher wissen, wie es gelingen kann.*

Werkstatt an, bei der Krankheit vertraue ich mich einem Arzt an. Wir trauen einem Menschen nicht alles zu, damit würden wir ihn überfordern und selber enttäuscht werden. Doch Gott hat mein ganzes Leben geschaffen, deshalb kann ich ihm doch mein ganzes Leben anvertrauen. Die Logik sagt einem auch: „Vertraue doch dem, der für dich stirbt, er kann dich doch nur retten wollen und meint es gut mit dir." Diese logische Überzeugung stimmt mit dem Zeugnis der Schrift überein. *„Solch ein Vertrauen aber haben wir durch Christus zu Gott"* (2Korinther 3,4). Seltsam, wie unkonsequent wir im Denken sind. Wir beten und glauben also, dass da einer ist, der durch Zeit und Raum eingreifen kann, aber im gleichen Moment misstraut man ihm und zweifelt, dass so das Leben gelingen könnte. Das ist seltsam, unlogisch, Zweifel oder Unglaube, auf jeden Fall eine Herzenshaltung, die uns von Gott entfremdet und auf Distanz lässt. Solch eine Herzenshaltung empfängt nichts beim Beten. *„Er bitte aber im Glauben und zweifle nicht; denn wer da zweifelt, der ist gleich wie die Meereswoge, die vom Winde getrieben und bewegt wird. Solcher Mensch denke nicht, dass er etwas von dem Herrn empfangen werde..."* (Jakobus 1,6-7). Wer misstrauisch an Gottes Wohlwollen zweifelt, der wird nicht aufrichtig beten können. Wie soll ein vertrauter Umgang mit Gott entstehen, wenn das Vertrauen in Gottes Person und der Vertrauensvorschuss in einer Situation in ihn nicht da ist? Ob ich Gott im Großen und Ganzen vertraue, lässt sich daran prüfen, ob ich Gott in den kleinsten Lebensbereichen vertraue und auf ihn harren kann. Hier geht es um unsere grundsätzliche Haltung Gott gegenüber. Ich kann nicht sagen, dass ich Gott in dem einen Lebensbereich vertraue und in dem anderen nicht, oder dass ich Gottes Wort für die eine Lebenssituation angemessen finde und für die andere nicht. Gott erwartet Vertrauen in allen Lebensbereichen.

Vertraue doch dem, der für dich stirbt, er kann dich doch nur retten wollen und meint es gut mit dir.

Vertrauensvorschuss: Ein vertrauter Umgang mit Gott ist das Ziel eines Gebetslebens. Hier sind wir jeden Tag aufs Neue herausgefordert, Gott den nötigen Vertrauensvorschuss zu geben, denn die Herausforderungen in allen Lebensbereichen bleiben nicht aus. Nur mit der Entscheidung, Gott immer und überall einen Vertrauensvorschuss zu geben, können wir in der Nachfolge bleiben. Viele sind Jesus oberflächlich nachgefolgt und wenn sie mal etwas nicht mehr verstanden haben, sind sie auf uns davon (Johannes 6). Frage: Kann ich Jesus und seinem Wort einen Vertrauensvorschuss geben, auch wenn ich ihn nicht gleich verstehe?
Wie herrlich sind die Verse: *„Denn wir sind sein Werk, geschaffen in Christus Jesus zu guten Werken, die Gott zuvor bereitet hat, dass wir darin wandeln sollen"* (Epheser 2,10). Gott will in uns (wir sind sein Werk) und durch uns (Werke, die Gott zuvor bereitet hat, dass wir darin wandeln sollen) am Werk sein. Dazu hat Gott alles vorbereitet. Das Erlösungswerk ist vollbracht, jetzt soll es in uns gläubigen Betern installiert werden. Gott hat ein Leben mit uns vor, in dem er sich in uns und durch uns verherrlichen will, wenn wir ihm vertrauen. Es ist für einen Menschen, der seinen wahren Zustand erkennt, nämlich dass er sein Leben orientierungslos vergeudet und verpfuscht hat, kaum etwas tröstlicher, als wenn er erfährt, dass Gott auch für sein Leben einen guten Plan hat, dass Jesus auch der Ausweg aus dieser Ausweglosigkeit ist. Durch absolutes Vertrauen in Gott kann der aussichtsloseste Tiefpunkt zum Wendepunkt werden. Erhörtes Beten wird nur da möglich, wo ich Gott im Gebet einen Vertrauensvorschuss entgegen bringe. Ich muss auf Gottes Wort und Gottes Absichten einwilligen. Was Gott in mir und durch mich vorhat, wird immer meine Möglichkeiten und Fähigkeiten übersteigen. Es wird mich an verschiedene Grenzen bringen und diese deutlich offenbaren: charakterliche Grenzen,

> *Für große Dienste braucht es große Charakter, für kleine Dienste einen noch größeren!*

meine begrenzten Möglichkeiten und Fähigkeiten, mein begrenztes Vertrauen. Hier kommen wir an, um unser begrenztes Gebet zu vertiefen und wir werden es erleben, wie Gott die Grenzen erweitert. Da fängt Gott im Kleinen an und wir müssen es zulassen, dass wir sein Werk sind, bevor wir in den Werken wandeln können, die er zuvor bereitet hat. Wir wollen schon hoch hinaus, aber Gott beginnt in der Tiefe, aber nur wenn wir uns das bewusst machen und einwilligen, wird es fruchten. Für große Dienste braucht es große Charakter, für kleine Dienste noch größere! Ich erinnere mich, wie ich in der Bibelschule immer beim Geschirrspülen an meine Grenzen kam. Besonders an den Konferenztagen, wenn Tausende Besucher da waren, ging ich innerlich am Stock und drehte am Rad. Dampfige Luft, Geschirrgeklapper, meine Nerven wurden dünner. Eine Maschine kreischte bei jeder Umdrehung nach Öl. Ein Mitschüler drehte durch und schrie mit hochrotem Kopf: „Hört denn keiner dieses Geräusch?!" Angesteckt, platzte auch mir der Kragen, und nachdem ich meinem Unmut freien Lauf gelassen hatte, trat Stille ein. Nur die Maschine kreischte weiter. Ruhig und gelassen holte einer Öl und ich konnte es nicht fassen, in welcher Seelenruhe, Hingabe und Freude manche Geschwister Stunde um Stunde ihren Dienst taten. Das war demütigend und beschämend. Irgendwann fragte ich den Herrn, was die haben und ich nicht. Der Herr sagte mir deutlich, dass es an ihrer Haltung lag, ihm im Geringen treu zu dienen, gerade im Geringen und Kleinen. Da erkannte ich, dass auch alles Große aus vielen kleinen Dingen besteht. Wenn ich wollte, dass große Dinge geschehen, dann musste mein Gehorsam und meine Hingabe eine werden, die sich im Geringen der Gegenwart Gottes bewusst ist, um ihm die Ehre zu geben. Etwa zur gleichen Zeit war da ein Zivi auf der Bibelschule, der immer fröhlich war, immer gut gelaunt, immer ein Lied auf der Zunge. Das ging mir irgendwann auf den Geist, weil ich mich fragte, was in mir nicht in Ordnung ist, weil ich immer so griesgrämig war. Ich fragte ihn eines Tages, warum er immer so fröhlich ist. Er schaute mich erstaunt an und fragte: „Bist du etwa kein Christ?" Damit ging er fröhlich pfeifend weiter. Ich wollte ihn für seine Antwort am liebsten erwürgen, aber sie saß tief. Damit ging ich ins Gebet und mir wurde bewusst, wie ungläubig ich durchs Leben ging. Wie viel Freude am Herrn wäre meine Stärke, wenn ich mir doch bewusst wäre, was der Herr alles für mich getan hat. Wie viel Lob müsste auf meinen Lippen sein, wenn ich wirklich glauben würde, dass er gegenwärtig ist. Römer 12, 2ff wurde immer aktueller für mich. Für Gottes Wirken und Eingreifen in uns und durch uns braucht es einen angemessenen und wachsenden Glauben, überzeugten Vertrauensvorschuss und Loyalität ihm gegenüber. Ohne Gebet werden wir nicht weiter kommen.

Vieles, was uns der Herr auf das Herz setzt, wird vielleicht nicht gleich unserem Willen entsprechen, aber gerade hier ist die Schwelle zu einem Leben, das Gottes Handeln erleben wird! In solchen Momenten wird uns Satan in der Anfechtung durch unser Selbstbewusstsein auf uns selbst reduzieren wollen. Hier wird uns Satan in der Anfechtung durch das Selbstvertrauen auf unsere begrenzten Möglichkeiten zurückbremsen wollen und den Vertrauensvorschuss in Gott zurückziehen wollen. Im Gebet entscheiden wir, wie die Sache weitergehen wird. Gebe ich Gott den Vertrauensvorschuss und lasse mich auf seine Pläne ein, dann wird der Segen nicht ausbleiben. Mache ich einen Rückzieher, dann tue ich Gott unrecht und setze mein erbärmliches Leben ohne den Segen Gottes fort.

Diese Frage des Vertrauensvorschusses wurde für mich immer wieder aktuell. Als Gott mich bei einer Evangelisation zum Leben mit ihm rief, war ich herausgefordert, ob ich ihm wirklich mein Leben geben will? Damals war wirklich die Rede vom Herrschaftswechsel und von einer Lebensübergabe. Gott würde mir geistliches und ewiges Leben geben, wenn ich bereit wäre, mich voll unter seine Herrschaft zu stellen. Ich habe diese Entscheidung in Gott nie bereut. Doch jeden Tag aufs Neue gibt es Situationen, in denen wir dieses grundlegende Vertrauen mit einem Vertrauensvorschuss in Gott und sein Wort lenken müssen. Das beginnt schon da, ob ich jetzt lügen soll oder nicht, usw. Auch

dann, wenn Gott uns herausfordert, uns auf ihn zu verlassen. Es war kein einfacher Schritt, meine finanzielle Sicherheit (die ich meinte zu haben) aufzugeben, um darauf zu vertrauen, dass Gott mich versorgen wird, als Gott das von mir forderte. Erst als ich mich betend auf Gott verließ, machte ich die Erfahrung, dass Gott anfing, „wunderbar“ für mich und die Dienste zu sorgen.
Gott muss uns dahin bekommen, dass unser grundsätzliches Vertrauen in ihn und sein Wort gefestigt wird. Dazu flechtet er Dinge und Situationen in unser Leben ein, die uns zutiefst herausfordern, ihm voll und ganz zu vertrauen. Ich erlebte mehrere solcher Aktionen. Eines Nachts stand ich vor einem Clubhaus eines Bikerclubs, welches einer Festung glich. Stacheldrahtzaun, Flutlichtanlage und Kameraüberwachung. Doch in dieser Nacht war alles dunkel und die elektronisch gesicherte Türe stand angelehnt. Ich zögerte hineinzugehen, denn das kam mir seltsam vor. Ich machte dann doch ein paar Schritte auf das Gelände, als ich in einiger Entfernung das Röcheln des Rottweilerkampfhundes hörte. Alarmiert realisierte ich, dass der frei herumlief, denn der Zwinger von dieser kranken Bestie war eigentlich auf der anderen Seite des Platzes. Ich war sofort wieder auf der anderen Seite der Türe. Der Hund war ein hoch gespritzter Psychopath und nicht einmal mit Vorsicht zu genießen, davon hatte ich mich, überzeugt, als ich ihn früher durch seinen Käfig gesehen hatte. Ich wollte schon wieder abmarschieren, da erging Gottes Herausforderung an mich durch das Gelände zu dem Clubhaus zu gehen. Ich war erstaunt und schockiert zugleich. Was war, wenn ich mir das eingebildet hatte? Gedanken schossen mir durch den Kopf und Bilder von Kinder fressenden Pitbulls, die erst in der Zeitung waren. Ich betete. Im Gebet erinnerte mich Gottes Geist an einige Bibelverse, in denen davon die Rede ist, dass im Namen Jesu Macht ist. Ja, das glaubte ich und viele Wunder sind im Namen Jesu gewirkt worden, aber musste das unbedingt heute und hier der Fall sein? Ich sagte Gott, dass ich daran glaube, dass im Namen Jesu Macht ist. Aber Gott schien damit nicht zufrieden zu sein, er wollte, dass ich ihm wirklich

vertraue. Also ging ich hinein. Es war stockdunkel und ich tastete mich nach vorne Richtung Clubhaus. Nach ca. zehn Schritten hörte ich noch kurz ein Rascheln und Schnaufen und da sprang mich der Kampfhund so gewaltig an, dass ich trotz meiner damaligen 120 kg Muskelmasse fast umkippte. Gleichzeitig biss er zu und ich konnte gerade noch meinen Kopf zur Seite drehen, so dass er in meine Holy Riders-Weste biss. Das Fantastische war aber, dass mich der Herr darauf vorbereitet hatte. Ich konnte aus einer erklärlichen inneren Ruhe und Stabilität heraus meinen Körper kontrollieren und reagierte deshalb nicht hastig. Ich sagte gleichzeitig, als ich meinen Kopf bei dem Biss einzog: „Im Namen Jesu runter“. Der Biss lockerte sich, der Hund glitt an mir herunter und stand lammfromm da. Ein Gedanke kam: „Renn raus!“ Ich denke, das war der Feind, der mich kribbelig und panisch machen wollte, damit der Hund mich fraß. So betete ich wieder und dankte Gott für die Ruhe und ging langsam auf das Clubhaus zu und hinein, der Hund trottete neben mir her. Dort angekommen, saßen die Rocker um einen Tisch und starrten mich an, als ob ich aus dem Totenreich gekommen wäre. Es stellte sich heraus, dass sie sogar vergessen hatten, ihn zu füttern. Ich habe bei dieser Situation die Erfahrung gemacht, dass Jesus Macht hat einzugreifen. Hier wurde eine Grundlage gefestigt, ohne die ich im Leben und Dienst nicht weiter gekommen wäre. Ich habe die Erfahrung gemacht, wie wichtig es ist, geistesgegenwärtig auf Gott zu hören und zu gehorchen. Ohne diese Dinge würde überhaupt nichts im Leben laufen. Manche sagen, dass sie da nicht hineingegangen wären. Aber warum nicht? Unser Gehorsam darf nicht eine Frage der Situation und Umstände sein. Die Frage ist doch, ob Gott gesprochen hat oder nicht, alles andere ist egal. Wenn Gott sagt: „Bau eine Arche!“ Dann bringt es nichts, darüber zu lamentieren. Wenn Gott sagt: „Zieh siebenmal um Jericho“, dann ist das so. Wenn Gott sagt: „Mach das begangene Unrecht wieder gut oder höre mit dieser Sünde auf“, dann ist es das Gleiche. Die Frage ist nicht, was Gott verlangt, sondern die Frage ist, ob ich darin einwillige. Das grundlegende Vertrauen in

Gott muss gefestigt werden und nur so werden wir Gott immer bereitwilliger unseren Vertrauensvorschuss zukommen lassen. Außerdem müssen wir mal grundsätzlich nachdenken. Warum sollte es vor dem Tor sicherer sein? Vielleicht wäre ich vor dem Tor von einem herab fallenden Ast erschlagen oder von einem kurzsichtigen Jäger erschossen worden oder noch schlimmer, ich müsste zuhause Fern sehen, während Gott sein Reich an mir vorbei aufbaut! Ist alles schon passiert. Wir gehen total in die Irre, wenn wir meinen, dass wir unsere Sicherheit sichern können. Der sicherste Weg ist immer der schmale Weg im Vertrauen auf Jesus Christus. Sicher, er führt mich früher oder später in die Ewigkeit, aber ist es nicht das, was ich will?

6. Prinzip: *Erhörtes Beten ist Gebet nach Gottes Willen*

Johannes teilt uns mit: *„Wenn wir etwas bitten nach seinem Willen, so hört er uns"* (1Johannes 5,14). Ein Prediger sagte: Wenn du willst, was Gott will, dann lässt Gott dir deinen Willen." Hier sind wir am „entscheidenden" Punkt, ob Gott unsere Gebete erhören wird oder nicht.

> *Wenn du willst, was Gott will, dann lässt Gott dir deinen Willen.*

Das „entscheidende" ist der Wille: Keiner betet, wenn er es nicht will. Das „Entscheidende", was uns als verantwortliche Persönlichkeit auszeichnet, ist unser freie Wille, und damit die Möglichkeit zur freien Entscheidung. Gott hat uns mit einem freien Willen geschaffen, weil er uns liebt. Wahre Liebe lässt dem Gegenüber immer die Entscheidungsfreiheit. Ich konnte doch nicht zu meiner Frau sagen: „Kauf dir was Anständiges zum Anziehen, morgen um 14.00 Uhr musst du an der Kirche sein und mich heiraten." Nein, dass will kein Liebender! Ich will doch, dass mich meine Frau aus freiwilliger Überzeugung heiratet; das ist Liebe. Liebe kann und will den anderen nicht zwingen, sondern der andere hat als gesunde und geliebte Persönlichkeit die eigene Verantwortung der Entscheidung. In dem Begriff „Verantwortung" stecken drei Begriffe drin: Wort – Antwort – Verantwortung. Gott spricht uns an, antworten müssen wir. Nur so kommen wir in ein verantwortliches Leben mit Gott. Gott liebt uns und er bietet uns alle Motive und Beweise seiner Liebe. *„Gott aber erweist seine Liebe gegen uns, dass Christus für uns gestorben ist, als wir noch Sünder waren"* (Römer 5,8). Und weil Gott uns so liebt und will, dass unser Leben an seiner Seite gelingt, deshalb wartet er darauf, dass wir die Verantwortung übernehmen und freiwillig auf sein Wort hin mit Überzeugung einwilligen. Christ wird nur jemand aus freiwilliger Überzeugung. Ein Christ ist überzeugt davon, dass ihm nichts besseres passieren kann, als dass er Gott gehorsam sein darf. Den Heiligen Geist, also den Gebetsgeist, erhalten nur die, die Gott gehorsam sind (Apostelgeschichte 5,32). Ein wiedergeborener Mensch empfindet Gehorsam nicht als eine drückende und lästige Pflicht, sondern als ein absolutes Vorrecht. Gehorsam in Gott ist ihm wie die schönste Musik, weil er weiß, dass hier der Segen in Fülle fließt. Diese freiwillige Überzeugung ist es, die wir haben müssen, wenn wir so beten wollen, dass Gott uns erhört. Sonst wird unser Glaubens- und Gebetsleben zum Krampf und zur toten Religiosität.

Warum wir unwillig und böswillig sind: Gott ist wohlwollend und wohltuend. Gott hat einen Willen und der ist das Beste für uns und die Menschheit. Satan sät immer Zweifel in unsere Gedankenwelt, so dass wir Gott freiwillig misstrauen und seinem guten Willen unwillig und sogar böswillig entgegen treten. Das ist unsere Rebellion. Unsere Schuld ist die, dass wir uns freiwillig von Satans Zweifeln und Lügen beeinflussen lassen und seinen Willen tun. Gesegnet wären wir, wenn wir in Gottes Willen einwilligen und Gottes Willen entschlossen und aus Überzeugung tun.

Wir sündigen freiwillig und müssen uns ändern: So viele sagen: „Ich würde gerne Gottes Willen tun, aber ich kann nicht." In Wahrheit wollen sie damit nur ihre Unwilligkeit oder gar Böswilligkeit verbergen und bekommen dafür sogar von manchem Mitleid. Doch „nicht können" gibt es nicht. Hat Gott dich je gezwungen, automatisch das Gute zu tun? Nein, hat er nicht. Also behaupte auch nicht, dass Satan dich automatisch davon abhält und du nichts dafür kannst. Du tust alles, was du tust, freiwillig. Deshalb erwartet Gott, dass wir ihm gegenüber und der Sünde gegenüber unsere Einstellung ändern und Gottes Willen tun. *„Ich ermahne euch nun, liebe Brüder, durch die Barmherzigkeit Gottes, dass ihr eure Leiber hingebt als ein Opfer, das lebendig, heilig und Gott wohlgefällig ist. Das sei euer vernünftiger*

Gottesdienst. Und stellt euch nicht dieser Welt gleich, sondern sondert euch durch Erneuerung eures Sinnes, damit ihr prüfen könnt, was Gottes Wille ist, nämlich das Gute und Wohlgefällige und Vollkommene" (Römer 12,1ff). Gott erwartet, dass wir unsere Vernunft in Gang setzen und unser Denken anhand seines Wortes ändern. Es ist ein folgenschwerer Fehler, wenn wir in den Gemeinden unwillige und böswillige rebellische Sünder so behandeln, als ob sie sich nicht ändern könnten. Damit werden wir ihre Haltung nur verhärten. Alle Sünder werden immer um Mitleid und Verständnis für ihre Sünde betteln. Es sind immer alle anderen oder die Umstände schuld. Sie würden sich gerne ändern, sagen sie, können aber nicht. Das stimmt nicht. Sie wollen nicht, sondern sie wollen selbstgerecht in Sünde verharren. Manchmal ist Mitleid unangebracht. Dem einen oder anderen würde es gut tun, wenn er von seiner Unwilligkeit oder gar Böswilligkeit überführt werden würde.

Illusionen über Gottes Wirken an uns: Wenn wir wiedergeboren werden und Gottes Heiligen Geist empfangen, dann ändert Gott damit nicht automatisch oder pneumatisch unsere Substanz oder unsere Neigungen, damit wir Gottes Willen automatisch tun. Wir bekommen auch nicht neue Kräfte, die zuvor nicht vorhanden gewesen wären, um Gottes Wort zu halten. Wenn es so wäre, dass der Heilige Geist uns substantiell zur Heiligkeit verändern würde, dann gäbe es kein Fallen in der Versuchung und auch keinen Abfall vom Glauben, vor dem Gott dich bewahren will, indem er dich zum geistesgegenwärtigen Wachen und Beten auffordert.

Wenn es so wäre, dass der Heilige Geist uns substantiell zur Heiligkeit verändern würde, dann gäbe es kein Fallen in der Versuchung und auch keinen Abfall vom Glauben, vor dem Gott dich bewahren will, indem er dich zum geistesgegenwärtigen Wachen und Beten auffordert.

Manche meinen, Gottes Geist würde in uns den Glauben einfach so wirken und sie müssten darauf warten, aber das stimmt nicht. Wenn der Glaube eine souveräne Wirkung Gottes in uns wäre, dann könnte ebenfalls keiner vom Glauben abfallen, aber Gott warnt vor dem Abfall und Jesus kritisierte immer wieder den Kleinglauben der Jünger, was ja Unsinn wäre, wenn Gott für unseren Glauben verantwortlich wäre. Glaube ist etwas, was Gott von uns erwartet. Glaube ist unsere Antwort auf Gottes Wort und damit in unserer Verantwortung. Wäre dem nicht so, dann würde sich Jesus nicht so sehr darüber verwundern, dass er hier und da keinen Glauben vorfand (Markus 6,5.6).
Viele verwechseln Gefühle mit Glauben. Sie meinen fälschlicherweise, dass sie erst etwas fühlen müssen, was den Glauben anspornt oder möglich macht, damit sie glauben können. Doch Gott erwartet Handeln aus freiwilliger Überzeugung und das hat zuerst nichts mit Gefühlen zu tun.

Freiwilligkeit im Himmel: Es wird nicht viele geben, die behaupten würden, dass sie im Himmel nicht Gottes Willen tun könnten. So gilt auch ihre Ausrede nicht, dass sie ihn nicht hier auf der Erde tun können, denn auch im Himmel werden wir nicht automatisch heilig sein, sondern aus einer freiwilligen Überzeugung heraus moralisch heilig leben. Wir werden durch die Auferstehung aus den Toten einen neuen Körper haben, der den ewigen Ansprüchen genügen wird. Doch die Perfektion im Himmel besteht nicht in „heiliger Funktion", sondern in freiwilliger Hingabe aus Liebe und Überzeugung des Menschen an Gott. So kann Gott sein heiliges Wesen in uns entfalten. Gottes Herrschaft besteht nicht durch automatische Kraft, die den Menschen funktionieren lässt, sondern durch moralische Kraft, die der Menschen schon heute zu freiwilligem Gehorsam hat.

Keiner wird in den Himmel kommen, wenn er nicht schon hier auf Erden aus Überzeugung Gottes Willen tun will.

Denken wir mal nach. Was ist eher der perfekte Mensch: Einer, dem man eine Einstellung zum Guten implantiert und der gar nicht anders kann? Oder ein Mensch, der freiwillig und aus Überzeugung das Gute tun will? Die Sache liegt doch auf der Hand. Gott will keine Roboter, sondern ebenbildliche verantwortliche Menschen. Jesus betete zum Vater: „Dein Wille geschehe, wie im Himmel so auf Erden." So wie der Wille Gottes im Himmel geschieht, so soll er auch hier auf Erden geschehen. So wie wir Gottes Wille im Himmel aus Liebe und Überzeugung tun werden, so sollen wir ihn hier auf Erden mit der gleichen Einstellung tun. Keiner wird in den Himmel kommen, wenn er nicht schon hier auf Erden aus Überzeugung Gottes Willen tun will. Was will er im Himmel, wenn er nicht schon hier heilig sein will? Vielmehr ist es so, dass viele Menschen gar nicht in den Himmel wollen! Klar, sie wollen in einen Himmel, den sie sich in ihren religiösen Illusionen zusammenträumen, aber nicht in den Himmel, wo Gottes heiliger Wille aus freiwilligen überzeugten Menschen verwirklicht wird. Petrus berichtet davon, welche Einstellung echte Christen diesen Tatsachen gegenüber haben: *„Wenn nun das alles (diese Erde) so zergehen wird, wie müsst ihr dann dastehen, in heiligem Wandel und frommen Wesen, die ihr das Kommen des Tages Gottes erwartet und erstrebt, an dem die Himmel vom Feuer zergehen und die Elemente vor Hitze zerschmelzen werden. Wir warten aber auf einem neuen Himmel und eine neue Erde nach seiner Verheißung, in der Gerechtigkeit wohnt"* (2Petrus 3,11-13). Prüfe dich hier einmal! Sind ein heiliger Wandel und ein frommes Wesen die Dinge, die du unbedingt willst? Verdient deine innere Einstellung Gottes Heiligkeit und seinem Willen gegenüber das Zertifikat „Streben", wie Petrus diese innere Sehnsucht formuliert? Wie kannst du zu dem heiligen Gott beten wollen, ohne zu wollen, was er für dich will? *„Das ist der Wille Gottes, eure Heiligung"* (1Thessalonicher 4,3). *„Jaget nach dem Frieden gegen jeder-*

> *Es ist Rebellion, etwas von Gott zu erwarten, wenn er es ausdrücklich von uns erwartet.*

mann und der Heiligung, ohne welche wird niemand den Herrn sehen" (Hebräer 12,14). Jesus redete die ganze Zeit davon, dass er gekommen war, um Gottes Willen zu tun (Johannes 6,38). Was war das Ziel seiner Erlösung, wenn nicht genau das? Dass dies auch für Jesus kein Selbstläufer war, erkennen wir spätestens im Gebetskampf vor seiner Folterung und seinem Tod. Doch dass es nötig und möglich ist, Gottes Willen in widrigsten Umständen zu tun, hat Jesus damit ebenfalls bewiesen. Manche warten träge und lässig darauf, dass Gott „übernatürliche Kräfte" zum Gehorsam vom Himmel schickt und fühlen sich nicht angesprochen, wenn Gott sagt, dass wir unsere Einstellung ändern und unser Denken anhand der heiligen Schrift erneuern sollen, dass wir wachen, beten und uns gehorsam Gott hingeben sollen. Sie können kalt oder lau bis zum Jüngsten Gericht auf Gottes „Wirken" warten und werden dann zum ewigen Tode erschrecken, denn es ist Rebellion, von Gott das zu erwarten, was er von uns fordert. Es gibt Dinge, die Gott tut, aber es gibt Dinge, die Gott von uns erwartet – nämlich dass wir wachen und beten und uns ändern sollen. Aber wir schlafen lieber weiter wie die Jünger und fallen in Sünde. wenn es darauf ankommt.

Gebet und Unglaube: Die Leute, die behaupten, dass sie nicht können, die wollen in Wahrheit nicht. Und deshalb wollen sie auch nicht beten. Ihre Unwilligkeit hält sie Gott gegenüber auf Distanz. In einer herausfordernden Situation kommen wir schnell an unsere Charakter- oder Fähigkeitsgrenze. Spätestens hier sollten wir bewusst beten. Doch leider tun wir das nicht und sündigen lieber und gehen damit lässig um. Wenn wir dann auf unsere Unwilligkeit hin angesprochen werden, offenbaren wir dann noch unsere Böswilligkeit. Solch ein Zustand hat etwas mit Unglauben zu tun. Viele glauben nicht, dass Satan umherschleicht und uns zum Sündigen verleiten wird, wenn er uns unwachsam vorfindet. Wie schnell würden wir unsere Türen und Fenster und alle Spalten verriegeln, wenn uns die Botschaft ereilen würde, dass sämtliche wilden Tiere, Schlangen, Löwen, Bären, Spinnen und Insekten aus dem örtlichen Zoo abgehauen sind und sich auf unser Haus zu bewegen? Wir würden entschlossen und konsequent handeln, wenn diese Nachricht wahr wäre und wir sie glauben würden. Satan persönlich schleicht umher wie ein brüllender Löwe, um uns zu verschlingen, und wir handeln nicht entschlossen, indem wir wachen und beten? Das ist Unglaube im Detail. Wir glauben eine geistliche Tatsache nicht und beten deshalb nicht und leben deshalb ungeistlich, weil wir in Anfechtung fallen und uns weigern, ins Gebet zu gehen, wenn es darauf ankommt. Wir müssen lernen, im Detail zu glauben und geistesgegenwärtig betend reagieren. So viele Menschen sprechen von ihrem Glauben an Gott, aber sie glauben nicht im Detail und nicht in der Situation, in der es darauf ankommt. Solche Menschen nehmen Gott nicht wirklich war, sondern leben in religiösen Illusionen über ihn. Sie nehmen Gott zur Kenntnis, haben aber keine Erkenntnis in der Situation. Paulus zeigt uns, wie Gottes Wort in uns wirkt. *„Und darum danken wir auch Gott ohne Unterlass dafür, dass ihr das Wort der göttlichen Predigt, das ihr von uns empfangen habt, nicht als Menschenwort aufgenommen habt, sondern als das, was es in Wahrheit ist, als Gottes Wort, das in euch wirkt, die ihr glaubt"* (1Thessalonicher 2,13). Paulus weiß, dass Gottes Wort in uns seine Wirksamkeit entfaltet, wenn wir es glauben. So verändert Gott kraftvoll unser Leben! Aber ohne Liebe und Glaube an Gott und sein Wort und ohne entschlossen Gehorsam aus freiwilliger Überzeugung, kann kein Mensch Christ sein und erhörend beten. Hier erkennen wir auch die Tendenz. Je stärker der Glaube, desto intensiver auch das Gebetsleben. Braucht sich keiner einbilden, dass ein gestärkter Glaube das Beten ablösen könnte, sondern im Gegenteil wird der

> *Satan persönlich schleicht umher wie ein brüllender Löwe um uns zu verschlingen, und wir handeln nicht entschlossen indem wir wachen und beten? Das ist ein Unglaube im Detail*

Gläubige immer bewusster in Gottes Gegenwart leben und mit Gott im Gespräch sein, wie das bei Jesus der Fall gewesen ist.

Was Gott von uns erwartet: Gott erwartet von allen Menschen, dass sie bußfertig ihre Einstellungen, Werte, Ziele, Prioritäten und Motive anhand seines Wortes aus Überzeugung freiwillig ändern. Auf dieser Grundlage erwartet Gott, dass wir erweckt leben und nicht wieder Bewusstlose werden. Er ruft uns zu: „Wachet und betet". Freiwillige Hingabe aus Überzeugung ist die Liebe, die Gott fordert. *„Wer mich liebt, der wird mein Wort halten; und mein Vater wird ihn lieben und wir werden zu ihm kommen und Wohnung bei ihm machen"* (Johannes 14,20). Dass Gott in uns wohnen und sich in uns und durch uns entfalten kann, ist nicht von unserer Liebe zu seinem Wort zu trennen. *„Wer da sagt: Ich kenne ihn und hält seine Gebote nicht, der ist ein Lügner und in solchem ist keine Wahrheit"* (1Johannes 2,4). Jesus hat betont, dass wir im Geist und in der Wahrheit beten sollen (Johannes 4,23ff). Es wird einem logischen Denker nicht schwer fallen, diesen Punkt zu begreifen, dass wir nicht mit Gott leben können, wenn wir eine unangemessene Haltung seinem Wort gegenüber haben.

Wie Gott uns verändert: Natürlich ist es Gott, der uns ändert, denn Willensstärke alleine reicht nicht. Woher sollte ich denn wissen, was ich „wollen soll", wenn Gott es mir nicht in seinem Wort sagt? Gottes Wort bietet die umfassenden Informationen für unsere Veränderung. Gott verändert uns nicht substantiell oder physisch, „indem es uns überkommt", sondern Gottes Geist arbeitet durch Gottes Wort an uns und fordert und fördert unseren Glaubensgehorsam. Gott will mit seinem Wort dein Denken gewinnen und reinigen, die wahren geistlichen Überzeugungen festigen, erweitern und vertiefen. Gottes Wort bietet dir göttliche Ziele und sinnvolle Lebensinhalte und will damit deine Werte, Prioritäten, Absichten, deinen ganzen Wandel heiligen. Gottes Wort bietet uns die heiligen Motive, die unser Wille braucht, um in die richtige Richtung zu können. Unser Problem ist, dass wir uns nicht die Zeit dafür nehmen, uns Gottes Wort bewusst zu machen und bestimmte Dinge konsequent zu bedenken. Manche biblische Wahrheit wirkt auf uns wie die ersten Strahlen der Morgendämmerung – es dämmert in uns geistlich. Aber statt dass wir uns die Zeit zum Gebet und Antworten für dieses Thema nehmen, damit uns wirklich ein Licht aufgeht, belassen wir alles bei der Dämmerung.

Gott wirkt mit seinem Geist liebevoll durch sein Wort an uns, ohne unseren Willen zu übergehen. Gottes Wort droht zu Recht mit Strafe und will so unsere böswillige Motivation und Absichten zum Stillstand bringen. Gottes Wort wirbt mit Liebe und will so unsere Freiwilligkeit ihm gegenüber gewinnen. Gottes Wort gibt uns die höchsten Ziele, verheißt den wertvollsten Lohn und weckt in uns die heiligsten Motivationen, um unsere Unwilligkeit in ein entschlossenes hingegebenes Leben zu verändern. Durch sein Wort wirkt Gott in uns das Wollen und Vollbringen nach seinem Wohlgefallen. Aber wir sind beteiligt, indem wir schaffen, dass wir selig werden mit Furcht und zittern (Philipper 2,12). Diese Aussage passt vielen nicht und vielerorts höre ich die Lüge, dass Gott nicht zu fürchten sei. Doch wer nicht aus freiwilliger Überzeugung genau das tun will, was Gott will, hat als Rebell allen Grund, sich vor Gottes Zorn zu fürchten, da macht Gott uns keine falschen Hoffnungen. Komisch. Gott fürchten sie nicht, aber sie fürchten sich vor Menschen, wenn sie Gott bekennen sollen. Menschenfurcht sehen sie als normal an, Gottesfurcht nicht? So viele „glauben" anscheinend an Gott. Satan tut es auf jeden Fall (Jakobus 2,19). Aber ändert er seine Werke? Nein. Jakobus sagt dann deutlich, dass der Glaube ohne Werke nutzlos ist. Ich betone es noch einmal. Lasst euch nicht von denen irreführen, die behaupten, dass sie nicht können,

Gott wirkt mit seinem Geist liebevoll durch sein Wort an uns, ohne unseren Willen zu übergehen

sondern legt ihnen Gottes Wort nahe und gebt ihnen damit die Grundlage, damit sie sich ändern wollen. *„Predige das Wort, tritt dafür ein, es sei zu gelegener Zeit oder zur Unzeit; strafe, weise zurecht, ermahne mit aller Langmut und Lehre ... "* (2Timotheus 4,3). Die Gefahr besteht, dass manche vom Glauben abfallen und zurückbleiben. Deshalb ist es so wichtig, dass wir uns täglich ermahnen und täglich auf die Stimme des Heiligen Geistes hören (Hebräer 3), wenn Gott durch sein Wort oder Geschwister im Herrn zu uns redet. Der Heilige Geist ist nicht von Gottes Wort zu trennen. Jesus sagt: *„Die Worte, die ich zu euch gesagt habe, die sind Geist und Leben"* (Johannes 6,63). *„Der Heilige Geist, den mein Vater senden wird in meinem Namen, der wird euch alles lehren und euch an alles erinnern, was ich euch gesagt habe"* (Johannes 14,26). Gott übergeht nie unseren freien Willen. Gott informiert und belehrt und erinnert uns und geht in uns und an uns so weit, dass wir freiwillig und aus Überzeugung Gottes Willen tun können. So geben wir Christus in uns Raum. In uns sind moralische Kräfte, die völlig ausreichen, um die Sünde zu lassen und Gottes Willen aus Überzeugung zu tun, wenn wir ihn kennen und tun wollen. Hier wird das Gebet zum Schlüssel des Sieges! Wer wacht und betet, muss nicht in Anfechtung fallen. Jesus wusste, was ihn zum Sieger macht!

Wie Jesus in der Anfechtung siegte: Keiner der Leser wird daran zweifeln, dass Jesus in der Fülle des Geistes lebte und den stärksten Glauben hatte. Aber das bedeutete nicht einmal für ihn, dass er „automatisch" Gottes Willen tat, sondern Jesus hatte einen freien menschlichen Willen, der auch ständig angefochten war, eigenwillig, unwillig oder gar böswillig zu werden, *„der versucht worden ist in allem wie wir, doch ohne Sünde"* (Hebräer 4,15). Jesus erlebte Versuchungen und

> *Jesus glaubte und betete geistesgegenwärtig, während wir oft nur grundsätzlich glauben und selten dann beten, wenn es notwendig ist.*

Anfechtungen genauso real wie du, aber Jesus glaubte und betete geistesgegenwärtig, während wir oft nur grundsätzlich glauben und selten dann beten, wenn es notwendig ist. Wer die Fülle des Geistes hat, der glaubt und betet geistesgegenwärtig. Kannst du dir vorstellen, dass Jesus versucht war, sich mal so richtig die Kanne zu geben, weil ihn alles genervt hat? Dass Jesus versucht war, unzüchtigen Gedanken nachzugeben? Dass Jesus versucht war, den Jüngern ein paar rein zu hauen, weil sie ihn verraten und verkaufen würden? Manche Leser werden denken: „Unvorstellbar! Was für Gedanken?!" Doch es hilft uns nicht, die Versuchung zu ignorieren, in der Jesus war. Im Gegenteil! Es ist sehr hilfreich, sich dieser Tatsache bewusst zu werden, damit wir die ehrliche Frage stellen, wie denn Jesus standhaft bleiben konnte! Viele wollen Jesus als automatisch Heiligen haben, um damit eine Ausrede zu haben, dass man selber nicht anders kann als zu sündigen. Dann kann man heuchlerisch Jesu wunderbare Heiligkeit rühmen, um dann selbstmitleidig anfügen zu können, wie schlimm es ist, als armer kleiner Mensch weiter sündigen zu müssen. Doch der Trick funktioniert nicht. Jesus war in allem versucht wie wir! Alles ist alles! Der Hammer ist die Tatsache, dass Jesus trotz der Anfechtungen, die auf ihn hereinprasselten nicht sündigte. Wie hat er das gemacht? Jesus machte das, wozu er uns auffordert. Jesus war wachsam und betete. *„Wachet und betet, damit ihr nicht in Anfechtung fallt. Der Geist ist willig, aber das Fleisch ist schwach"* (Markus 14,38). Der Geist ist willig, aber das Fleisch ist schwach. Ohne geistesgegenwärtiges Einwilligen zum Gebet wird Schwäche und Sünde unser Leben kennzeichnen. Wenn ich wachsam in Versuchung komme, ist die Frage, ob ich geistesgegenwärtig betend in Gottes Willen einwillige, oder den Dingen ihren Lauf lasse? Wachen und beten! Wachsam sein für

> *Jesus wusste, dass geistesgegenwärtiges Gebet notwendig war, um seinen angefochtenen Willen in Harmonie mit Gottes Willen zu bringen.*

die Impulse des Geistes und bewusst darauf antworten, ist die Möglichkeit bei jeder Gelegenheit und unter allen Umständen. Jesus war angefochten, als sie ihn zum König machen wollten, und rannte ins Gebet. Ging es ihm auf den Nerv, weil die Jünger angesichts der Brotvermehrung um nichts verständiger geworden waren und ihr Herz verhärtet blieb, da trieb er sie ins Boot und verbrachte die nächsten Stunden im Gebet. Hatte er sie im Wissen seiner kommenden Folterung und Hinrichtung zum Wachen und Beten aufgefordert und sie zogen es lieber vor zu schlafen, da verwundert es keinen, dass die Jünger mit ihrem Verhalten die Anfechtung Jesu nur gesteigert haben und er das dritte Mal innerhalb kürzester Zeit auf die Erde sank, um zu beten. Der Geist ist willig, aber das Fleisch ist schwach, deshalb betete Jesus immer geistesgegenwärtig und in einer konsequenten Entschlossenheit. Die Grundlage erhörter Gebete können wir im entschlossenen Gebet Jesu studieren. *„... doch nicht mein, sondern dein Wille geschehe"* (Lukas 22,43). Jesus wusste, dass geistesgegenwärtiges Gebet notwendig war, um seinen angefochtenen Willen in Harmonie mit Gottes Willen zu bringen. Jesus hatte ein Gottesbewusstsein und eine gesunde Gottesfurcht. Er kniete vor Gott, um nicht vor der Sünde in die Knie gehen zu müssen! Ein Prediger stellte die Frage, die wir uns alle stellen lassen müssen, wenn wir Christen werden wollen: „Was fürchtest du mehr? Die Sünde oder den Tod?" Der Tod würde uns direkt in Gottes herrliche Ewigkeit bringen, den Ort, wo weder Leid noch Tränen sein werden. Unser Tod könnte von Gott eingefädelt sein, um Gott die Ehre zu geben, wie das z.B. bei Petrus der Fall gewesen ist (Johannes 21) und bei unzähligen Märtyrern bis in die heutige Zeit hinein. 170.000 Märtyrer starben im vergangenen Jahr (2004) weltweit für unseren Herrn Jesus. Die Sünde dagegen gibt auf jeden Fall freiwillig Satan die Ehre und hat deshalb die Tendenz, dass wir in die ewige Verdammnis kommen. Sie zerstört unser Leben, das Leben unserer Mitmenschen und unser Zeugnis für Gott. Sei mal ehrlich, was fürchtest du mehr? Sünde oder Tod? Hier wird der Glaube wirklich auf die Probe gestellt! Bereue ich Sünde wirklich? Glaube ich wirklich an das ewige Leben bei Gott? Lebe ich wirklich Gott zur Ehre? Habe ich meine Ziele und Lebensinhalte aus Gott und seinem ewigen Reich? Wie kann man Christ sein, ohne diese Fragen geklärt zu haben?

Entschlossenes Beten um Gottes Willen: Für Jesus, der zu unserem Erstaunen sein ganzes Leben immer Gottes Willen getan hat, war das kein Gebetsprozess vom Ungehorsam zu Gehorsam oder von Böswilligkeit zum wohlwollenden Gotteswillen, so wie das bei uns der Fall ist, sondern für Jesus ging es im Gebet immer darum, in Harmonie mit Gott zu bleiben. Wir kommen alle, im Gegensatz zu Jesus, aus dem Zustand der Sünde und das Gebet führt uns durch Buße dahin, unseren angefochtenen Willen in Harmonie mit Gottes heiligem Willen zu bringen und dann in Gottes Willen zu bleiben. Wenn auch der Ausgangspunkt bei Jesus und uns unterschiedlich ist, so ist doch das Prinzip für uns beide dasselbe. Im entschlossenen Gebet bringen wir unseren Willen in Harmonie mit Gottes Willen und durch Entschlossenheit aus Überzeugung tun wir ihn dann. Was uns heute in der Gemeinde fehlt, sind entschiedene Christen mit entschlossenem Handeln, weil entschlossenes Gebet vernachlässigt wird. Gebet ist eine freiwillige Angelegenheit und eine Sache der Überzeugung. Geistesgegenwärtiges Gebet hat zum grundsätzlichen Ziel, den eigenen angefochtenen und vielleicht unwilligen oder gar böswilligen Willen in Harmonie mit Gottes heiligen Willen zu bringen, um ihn dann zu tun. Niemand wird aufrichtig das Übergabegebet beten, wenn er nicht wirklich aus Überzeugung Gottes Willen tun will. Niemand kann in Anfechtung standhaft bleiben, wenn er nicht geistesgegenwärtig seinen angefochtenen Willen in Harmonie

Geistesgegenwärtiges Gebet hat zum grundsätzlichen Ziel, den eigenen angefochtenen und vielleicht unwilligen oder gar böswilligen Willen in Harmonie mit Gottes heiligen Willen zu bringen, um ihn dann zu tun.

mit Gottes Willen beten will. Niemand kann in der Heiligung voranschreiten, wenn er nicht tiefer und breiter und höher in Gottes Fülle und seinen Willen hineinwachsen will (1Thessalonicher 4,3; Epheser 3,18.19). Niemand wird vom Heiligen Geist auf dem schmalen Weg durch das Leben und durch die schmale Pforte in die Ewigkeit geführt werden, wenn er nicht Jesus dahin folgen will. Niemand wird den Frieden Gottes erleben, der höher ist als alle Vernunft, wenn er nicht lernt, betend in Harmonie mit Gott und seinem Willen zu kommen und zu bleiben. Niemand wir die Früchte des Geistes haben, wenn er es nicht lernt, betend im Willen Gottes zu bleiben. Wir haben nie recht gebetet, wenn nicht dieses Anliegen Teil unseres Gebets gewesen ist. Wir werden nichts Geistliches tun und nichts Sündhaftes lassen, wenn wir nicht im Willen Gottes sind. Da können wir uns mit „christlichen Aktivitäten" gegenseitig täuschen, wie wir wollen. Gottes Wille ist es, dass wir im Bewusstsein seiner Gegenwart geistesgegenwärtig beten, damit er sich in uns und durch uns verwirklichen kann, wenn es darauf ankommt.

Gottes Führung im Leben durch Gebet: Gott kann sich im vertrauten Umgang durch Wort und Geist mitteilen und so andeuten, was er in unserem Leben zu geben oder wirken gedenkt, was wichtig für uns ist oder was für Pläne und Absichten er hat. Wenn uns Gottes Wille bewusst wird, dann sind wir herausgefordert, die Situation bewusst zu überdenken, ob wir in Gottes Willen einwilligen wollen. „Vertraue ich Gott wirklich? Bin ich bereit, mich darauf einzulassen? Werde ich meine Prioritäten ändern, um das zu tun, was Gott will? Bin ich bereit, den Preis zu bezahlen? Werde ich das eine tun und das andere lassen? Sehe ich es als absolutes Vorrecht an zu wissen, was Gott jetzt will, oder als eine lästige Pflicht? Will ich gehorsam oder ungehorsam sein?" Wenn wir dann aufrichtig in Gottes guten Willen einwilligen und aus freiwilliger Überzeugung um das bitten, was Gott mit uns oder für uns vorhat, dann wird Gott uns zu 100% erhören, denn es war sein Wille, den er uns wissen ließ.

Wir haben diese Tatsache oft erlebt. Eine eindrückliche Erfahrung möchte ich hier wiedergeben. Wir sind ja mit den Holy Riders missionarisch unter Randgruppen tätig. Unabgesprochen reifte in einigen Mitgliedern der Wunsch nach einem Gebäude, wo man Menschen aus der Szene aufnehmen und betreuen kann. Natürlich ging das nicht ohne weiteres. Viele Fragen mussten geklärt werden. Ist das wirklich Gottes Wille für uns? Wie soll sich das finanziell tragen? Sollen wir aufhören zu arbeiten? Sollen wir umziehen? Wohin? Was ist mit den Kindern und der Schule usw.? Fragen, die uns ins Gebet trieben. Immer deutlicher wurde es, dass Gott hier etwas vorhat. Die Familie, die das besonders auf dem Herzen hatte, kündigte im festen Glauben einen sicheren Arbeitsplatz. Als dennoch kein Haus für dieses Anliegen gefunden wurde, entschlossen sie sich, eine Woche dafür zu fasten und zu beten. Am Ende der Woche trafen wir uns und baten den Herrn: „Wenn es dein Wille ist, dass wir solch einen Hof aufbauen, dann gib uns solch einen Hof." Einen Tag später hatten wir einen Bikergottesdienst. Ein Mann kam auf meine Frau zu und fragte sie, was wir gerade so machen. Sie sagte: „Wir suchen einen Hof." Er meinte: „Wir haben einen Hof." Sie riefen mich und ich sagte ihm: „Du weißt ja gar nicht, was wir da machen wollen. Wir wollen Leute aus der Szene und dem Knast aufnehmen." Er erwiderte: „Wir beten schon seid einiger Zeit für eine Gruppe Christen, die auf unserem Hof mit so einem Projekt beginnen würde." Gott hatte schon alles vorbereitet. Wenn wir wirklich Gottes Willen tun wollen, dann wird der Herr uns in den Werken wandeln lassen, die er vorbereitet hat (Epheser 2,10). Hier werden wir Dinge erleben, über die wir uns eins ums andere verwundern werden und Gott wird sich verherrlichen können.

Prinzip: *Nur wer bereit ist in Gottes Willen einzuwilligen, kann so beten, dass er erhört wird.*
Prinzip: *Eingeplante Gebetszeiten können geistesgegenwärtiges Gebet nicht ersetzen.*

7. Prinzip: *Gottes Verheißungen müssen wir betend erwarten*

Die Haltung vieler Menschen den Verheißungen und Prophezeiungen Gottes gegenüber ist wirklich erstaunlich. Ungläubige begegnen Gottes Verheißungen mit Unglauben. Sogar solche, die sich Christen nennen, sind den Ankündigungen und Zusagen Gottes oft gleichgültig gegenüber eingestellt.

Der prophetische Charakter der Bibel: Wir müssen uns vor Augen halten, dass die Bibel nicht nur ein Buch ist, sondern aus 66 Schriften besteht. Diese heiligen Schriften sind nicht zuerst chronologisch aneinander gereiht, so wie bei einem Stammbaum eine Generation auf die andere folgt, sondern der rote Faden der Schrift besteht in Verheißung und Erfüllung, erneute Prophezeiung und weiteres Eintreffen. Von etwa 3800 Vorhersagen Gottes sind schon mehr als die Hälfte eingetroffen. Keine ist weggefallen, sondern manche stehen noch für Gegenwart und Zukunft aus. Viele Erfüllungen sind historisch bewiesen und wissenschaftlich unumstritten, wie z.B. die Zerstörung von Tyros, die nachweislich ca. 200 Jahre vorher durch Hesekiel im Detail angekündigt wurde (Hesekiel 26,27). Der Geburtsort Jesu wurde nachweislich 400 Jahre vorher offenbart (Micha 5,1). Der Grund für Jesu Tod war schon 700 Jahre vorher durch Jesaja vorhergesagt (Jesaja 53). Das detaillierte Eintreffen der Vorhersagen ist der leuchtende Rotstift, der die Tatsache unterstreicht, dass Gott sich durch die heilige Schrift offenbart. Gott hat nichts dem Zufall und Unglauben überlassen. Viele sagen, dass sie nur glauben, was sie sehen. Wenn sie doch in die Schriften sehen würden!

Das detaillierte Eintreffen der Prophezeiungen ist der leuchtende Rotstift, der die Tatsache unterstreicht, dass Gott sich durch die heilige Schrift offenbart.

Wenn sie sich der prophetischen Dimension bewusst werden würden! Wenn sie sich all die konkreten Erfüllungen vor Augen halten würden! Dann müssten sie ihre Logik und ihren Verstand verleugnen, um nicht zu glauben (was leider viele tun)! Immer wieder sagte Gott Sätze wie: *„Siehe, was ich früher verkündigt habe, ist gekommen: So verkündige ich auch Neues, ehe es aufgeht, lasse ich's euch hören"* (Jesaja 42,9). Das lässt sich doch wissenschaftlich prüfen! Jesus kam nicht zufällig aus heiterem Himmel, sondern sein Kommen, Wirken und Sterben ist detailliert vorhergesagt. Auch Jesus setzte diese Linie der Verheißungen und Prophezeiungen fort: *„Jetzt sage ich's euch, ehe es geschieht, damit ihr, wenn es geschehen ist, glaubt, dass ich es bin"* (Johannes 13,19). Alles, was Jesus vorhergesagt hat, tritt ein. Uns bleibt angesichts dieser Fakten nichts anderes übrig als zu glauben. Wir können dieses Thema hier nicht erschöpfend behandeln. Doch eines soll gesagt sein: Viele Prophezeiungen und Verheißungen Gottes sollen sich an dir und durch dich erfüllen! Wir dürfen das Eintreten der Verheißungen Gottes nicht einfach abwarten, sondern wir müssen sie betend erwarten, wenn wir sie erleben wollen. Abwarten ist eine gleichgültige Haltung den Absichten Gottes gegenüber. Wir können das Prinzip der betenden Erwartung oft in der Schrift beobachten. Daniel z.B. las in der Schrift des Jeremia und stellte erstaunt fest, dass die Zeit der vorhergesagten Gefangenschaft des Volkes Israel gerade vorbei gegangen ist. Was machte er? Sagte er sich: „Na mal abwarten, wenn das wirklich stimmt, dann werden wir das schon erleben"? Nein, seht, welche Haltung er an den Tag legt (Daniel 9). Ich weiß nicht, ob uns ein intensiveres Bußgebet überliefert ist als das von Daniel. 21 Tage lag er flehend vor Gott. Er tat Buße für die Sünden des Volkes, er flehte um die Erfüllung der Verheißung. Als dann Gottes Bote bei ihm auftaucht, sagt dieser nicht, ich bin losgeschickt worden, weil Gott vor 70 Jahren dies und jenes verheißen hat, sondern der Gesandte des Herrn betont bemerkenswerter Weise ausdrücklich, dass er von Gott geschickt worden ist, als Daniel anfing zu beten: *„Denn als du anfingst* *zu beten, erging ein Wort, und ich komme, um dir's kundzutun, denn du bist von Gott geliebt"* (Daniel 9,23). Ist dies nicht ein Augenöffner? Dass Gott souverän ist, heißt nicht, dass er über unsere Köpfe hinweg wirkt und Verheißungen erfüllt, sondern Gott will uns in die Ereignisse der Erfüllung hinein beteiligen, indem wir die Verheißungen betend erwarten und die Erfüllung bewusst erleben. Erwartest du Gottes Verheißungen betend für dich und dein Umfeld?

Dieses Prinzip können wir auch an der Verheißung des Heiligen Geistes studieren. Jesus hatte den Heiligen Geist immer wieder verheißen. Vor seiner Himmelfahrt machte Jesus den Jüngern klar, wie wichtig die Mission ist, aber dass sie mit keiner Aktivität beginnen sollen, bevor sie nicht diese Verheißung des Vaters empfangen haben. Was machten daraufhin die Jünger? Gingen sie ins nächste Straßencafe und warteten mal ab? Oder kümmerten sie sich erst einmal um andere Sachen, um Gott in seiner Souveränität nicht zu bedrängen? Nein! *„Diese alle waren stets beieinander einmütig im Gebet samt den Frauen und Maria, der Mutter Jesu, und seinen Brüdern"* (Apostelgeschichte 1,14). Die Jünger waren dieser Verheißung Jesu alles andere als gleichgültig gegenüber eingestellt, sondern sie beteten 10 Tage um die Erfüllung der Verheißung, bis sie überzeugend empfangen hatten, was Jesus verheißen hatte: den Heiligen Geist. Auch an dieser Begebenheit können wir dieses Prinzip anschaulich studieren, dass Verheißungen Gottes mit angemessenem Gebet erwartet werden müssen. Erwarten - nicht abwarten. Hast du den Heiligen Geist schon betend und glaubend empfangen? Auch das Ende der Welt und die damit verbundene Wiederkunft Jesu steht noch aus. Petrus schreibt dazu: *„Wenn nun das alles so zergehen wird, wie müsst*

> *Viele Verheißungen Gottes sollen auch in deinem Leben in Erfüllung gehen und werden es auch, wenn du sie betend im Glauben erwartest*

ihr dann dastehen, in heiligem Wandel und frommen Wesen, die ihr das Kommen des Tages Gottes erwartet und erstrebt, an dem die Himmel vom Feuer zergehen und die Elemente vor Hitze zerschmelzen werden. Wir warten aber auf einen neuen Himmel und eine neue Erde nach seiner Verheißung, in der Gerechtigkeit wohnt" (2Petrus 3,11-13). Hier wird die glaubende und aufrichtige Herzenshaltung eines Christen der Verheißung Gottes gegenüber beschrieben: „erstreben, erwarten nach seiner Verheißung". Auch hier handelt es sich nicht um ein „Abwarten", sondern um ein „Erwarten" und wer etwas erwartet, der bittet! Diese ganze Sehnsucht einer gläubigen Seele hat Johannes in kurzen Worten ausgedrückt: *„...ja komm, Herr Jesus!"* (Offenbarung 21,20).
Viele Verheißungen Gottes sollen auch in deinem Leben in Erfüllung gehen und werden es auch, wenn du sie betend im Glauben erwartest. Hier werden wir 100% Gebetserhörungen erleben, wenn wir das mit aufrichtigem Herzen erbeten und empfangen wollen, was Gott uns verheißen hat. Dazu müssen wir nur mal glaubend die Schrift lesen und erkennen, was Gott in seiner Gnade, Liebe und Güte alles an uns wirken will. Es handelt sich hier z.B. um alle geistlichen Schätze, die Gott am Kreuz für uns vollbracht hat: Vergebung der Schuld, Leben im Bewusstsein von Gottes Gegenwart und in der Fülle des Geistes, Befreiung von der Macht der Sünde, Dienst in Vollmacht und Geistesgaben und viel Segen mehr.
Prinzip: *Keiner wird die Verheißungen Gottes segensreich erleben, wenn er sie nicht bittend erwartet.* Dies trifft besonders für die Verheißungen zu, die Gott an jedem einzelnen persönlich erfüllen möchte, die Vergebung der Sünden, Wiedergeburt, Heiligung. Andere Verheißungen, wie z.B. die Wiederkunft Jesu, werden natürlich alle erleben, auch die, die Jesus nicht erwartet haben, aber für sie wird die Wiederkunft Jesu kein Segen werden, denn wer daran gezweifelt hat, dass Jesus wieder kommt, oder dieser Verheißung nicht mit Heiligung wachend und betend entgegenstrebt, der wird an dem Tag verzweifeln, auch das hat Gott ausrichten lassen.

Lasst uns neu die Bibel lesen und Gott glauben, dass Gott das, was er zusagt, an uns und durch uns erfüllen will. Warum sollte er es an Unzähligen weltweit auch in dieser Generation tun und an dir nicht? Die Frage ist, ob wir es glauben und wollen. Lasst uns auch für die Erfüllung der Prophezeiungen in unseren Gemeinden beten, und in Fürbitte für die verlorenen Menschen treten, mit gleicher Einstellung und Entschlossenheit, wie Daniel es tat. Glaubst du, dass Gott die Verlorenen in deiner Umgebung retten will? Glaubst du, dass Gott dafür dich und deine Gemeinde erwecken will? Gottes Wille ist auch in dieser Sache klar und deutlich. Die Frage ist, ob wir betend einwilligen.

8. Prinzip: *Wir müssen uns im Gebet vom Heiligen Geist leiten lassen*

Ohne den Heiligen Geist ist es unmöglich zu beten. Das heißt aber nicht, dass wir auf eine verstärkte Gefühlswallung warten sollen, die uns ins tiefere Gebet ziehen könnte. Wie ich schon betont habe, motiviert und bewegt Gottes Geist uns durch sein Wort zum Gebet. Am Anfang wurde erwähnt, dass Gott den Geist des Gebets verheißen hat. *„Aber über das Haus David und über die Bürger zu Jerusalem will ich ausgießen den Geist der Gnade und des Gebets; denn sie werden mich ansehen, welchen jene durchbohrt haben...“* (Sacharja 12,10). Jesus ist der Durchbohrte und er sagte deutlich, dass die Zeit schon gekommen ist, wo die wahren Anbeter den Vater im Geist und in der Wahrheit anbeten sollen. *„Aber es kommt die Zeit und ist schon jetzt, in der die wahren Anbeter den Vater anbeten werden im Geist und in der Wahrheit; denn auch der Vater will solche Anbeter haben. Gott ist Geist, und die ihn anbeten, die müssen ihn im Geist und in der Wahrheit anbeten“* (Johannes 4,23-24). Jesus verhieß den Heiligen Geist, welcher auch der Geist des Gebets ist und macht uns deutlich, dass Gott den Geist gerne gibt: *„Wenn nur ihr, die ihr böse seid, euren Kindern gute Gaben geben könnt, wie viel mehr wird der Vater im Himmel den heiligen Geist geben denen, die ihn darum bitten!“* (Lukas 11,13). Jesus machte aber auch deutlich, dass nur die den Heiligen Geist empfangen werden, die sein Wort lieben und seine Gebote halten *„Wer mich liebt, der wird mein Wort halten; und mein Vater wird ihn lieben und wir werden zu ihm kommen und Wohnung bei ihm nehmen“* (Johannes 14,23). Es waren immer nur diejenigen, die sich für ein Leben im Gehorsam an Gott entschieden hatten, die den Heiligen Geist

> *Nur betend werden wir zu einer geistgewirkten Überzeugung kommen, was Gott in unserem Fall vor hat.*

empfingen: *„...der Heilige Geist, den Gott denen gegeben hat, die ihm gehorchen“* (Apostelgeschichte 5,32). Gott lässt uns ausrichten, dass Gottes Geist überzeugend in uns die Kindschaft Gottes wirkt. *„Der Geist gibt Zeugnis unserem Geist, dass wir Gottes Kinder sind“* (Römer 8,16). Der Heilige Geist leitet uns auch durch das Leben und in das Gebet *„Denn welche der Geist Gottes treibt, die sind Gottes Kinder“* (Römer 8,14). Paulus konnte mit Gewissheit sagen, dass dieser verheißene Gebetsgeist wirksam in den Christen gegenwärtig ist *„Des gleichen hilft auch der Geist unserer Schwachheit auf. Denn wir wissen nicht, was wir beten sollen, wie sich' s gebührt, sondern der Geist selbst vertritt uns mit unaussprechlichem Seufzen“* (Römer 8,26). Der Heilige Geist führt über die Wiedergeburt in ein tiefes vertrautes Gebetsleben mit Gott.

Die Last des Geistes im Gebet: Ohne Gottes Wort wüssten wir nicht, was wir beten und wie und worum wir bitten sollen. Unsere Einsicht in geistliche Dinge ist uns durch die Sünde verloren gegangen und auch nach der Wiedergeburt ist sie nicht automatisch da (Epheser 4,18). Doch Gottes Geist hilft uns durch Gottes Wort und leitet die Kinder Gottes tiefer in das Gebets- und Glaubensleben.

Es gibt aber noch eine andere Bedeutung in den genannten Versen. Wie können wir verstehen, dass der Heilige Geist uns in unserer Schwachheit aufhilft und in uns seufzt? Viele Beter haben es schon erlebt, dass sie plötzlich eine gewisse Last bedrückt, die sie kaum in Worte fassen können. Wir gehen ins Gebet und prüfen uns, ob wir irgendwo den Heiligen Geist betrübt haben. Doch in diesem speziellen Fall wird diese Last nicht weichen, auch wenn wir Sünden erkannt und ehrlich Buße getan haben. Dann ist es sehr wahrscheinlich, dass uns der Herr etwas auf das Herz legen will. Hier ist es nötig, Gott aufrichtig zu fragen, was für Absichten Gott hat. Gott könnte uns einen Menschen oder ein Volk auf das Herz legen, für dessen Bekehrung oder Erweckung wir im speziellen beten sollen. Oder Gott will etwas in unser Leben einflechten, einen Dienst oder dessen Erweiterung. Gott könnte uns auch mitteilen, was er zu tun gedenkt, so dass wir uns auf ein Ereignis einstellen können. Vermutlich war das die Art und Weise, wie Gott dem Elia klar machte, dass er eine Hungersnot über das Land bringen wird, aber auch den Regen und das Feuer vom Himmel. Nur betend werden wir zu einer geistgewirkten Überzeugung kommen, was Gott im Detail zu tun beabsichtigt. Wenn wir durch Gottes Reden Klarheit über diesen Punkt haben, sind wir herausgefordert, uns mit allen nötigen Konsequenzen darauf einzulassen. Es kann durchaus der Fall sein, dass uns Gottes Absicht zuerst widerstrebt oder sehr herausfordert, wie das auch bei Elia angesichts des gottlosesten Königs der Fall war. Nur im Gebet können wir von unserem reduzierenden Selbstbewusstsein und Selbstvertrauen zu einem angemessenen Gottesbewusstsein und Gottvertrauen kommen. Nur betend können wir unsere Unwilligkeit ablegen und uns dadurch durchringen, dass Gott das, was er vorhat, auch in uns und durch uns und mit uns durchführen kann, auch wenn es menschenunmöglich erscheint. Doch das ist es meistens, was Gott von uns fordert, damit Gott sich verherrlichen kann. Selbstbewusstsein reduziert uns vom gesunden Gottesbewusstsein auf uns selbst und Selbstvertrauen begrenzt uns auf unsere Möglichkeiten, so dass wir nicht mit Gottes wirksamer Allmacht rechnen. Aber genau da will Gott uns im Gebet hinbewegen, dass wir Menschen werden, die mit einem Gottesbewusstsein und Gottvertrauen leben. So erlauben wir es Gott, seine Pläne und Möglichkeiten in unser Leben einzuflechten, wie Gott das bei Jesus tat. Nur wenn wir immer bereit sind, echte Buße für unsere Sünden zu tun, können wir auch eine Gebetslast von

> *Nur wenn wir immer wieder bereit sind, echte Buße für unsere aktuellen Sünden zu tun, können wir auch eine Gebetslast von unserer Sündenlast unterscheiden und damit richtig umgehen.*

unserer Sündenlast unterscheiden und damit richtig umgehen. Wer leichtsinnig mit Sündenlast umgeht und so den Heiligen Geist dämpft, der wird kaum hellhörig für eine „Gebetslast“ durch das „Seufzen“ des Geistes sein, wenn Gott zu uns reden will. Auch hier sehen wir wieder, wie wichtig es ist, bußfertig, auf der Grundlage des Blutes, also der Vergebung zu Gott ins Gebet zu kommen.
Konkrete Wegweisung für Gottes Willen und Absicht kann auch durch ein prophetisches Wort oder einem Wort der Weissagung an uns ergehen. Mancher wird hier vielleicht Einwände haben und betonen, dass man sich schnell täuschen kann oder schon viele in die Irre geführt wurden. Das kann ich nur bestätigen. Leider passiert das sogar sehr oft, wenn man nicht kritisch und betend prüft, sondern jeder Einbildung vertraut, die man selber hat oder die einem andere als Prophezeiung verkaufen! Aber es ist doch so, dass sich auch schon viele getäuscht haben und meinen, dass sie schon wiedergeboren seien, obwohl sie es nicht sind. Wird deshalb die echte Wiedergeburt unmöglich? Hört deshalb das überzeugende Wirken des Geistes im Moment der Wiedergeburt und danach auf? (Römer 8,16) Nein. So ist das auch bei der Führung des Heiligen Geistes im Gebet, durch Prophezeiungen oder Weissagungen. Viele täuschen sich gewaltig und in der Gefahr sind wir alle! Viele halten ihre guten Wünsche fälschlicherweise für den Willen Gottes oder bilden sich in positiven oder negativen Gefühlswallungen Dinge ein, die nicht aus dem Geist, sondern aus der Seele sind. Damit schaden sie sich und anderen. Deshalb ist es so wichtig, in einem aufrichtigen bußfertigen und vertrautem Umgang mit Gott zu stehen, damit wir uns nicht irren und andere in die Irre führen, sondern dass wir durch die Führung des Geistes zu echten geistgewirkten Überzeugungen kommen.

Ich möchte an dieser Stelle eine Begebenheit zu diesem Thema aus meinem Leben berichten. Während den Prüfungsvorbereitungen meiner theologischen Ausbildung „belastete“ mich die

Tatsache, dass ich ins Ausland auf ein wichtiges Treffen sollte. Sicher wollte ich gerne hin und wichtig war es auch, aber ich brauchte die Zeit zum Studieren. Mit dieser Last ging ich ins Gebet. Im Gebet zeigte der Herr mir, dass ich auf dieses Treffen fahren soll und betend kam ich zur Überzeugung, dass Gott mir bei der Prüfung beistehen würde. Zurück von dem Treffen, bekam ich richtig Ärger und eine Abmahnung, weil ich, nach der Meinung der Lehrer, acht Tage der Prüfungsvorbereitungszeit „geschwänzt" hatte. Dieser Ärger stärkte meine Konzentration nicht unbedingt, sondern brachte mich ins Zweifeln, ob es wirklich richtig war. Aber ich warf die Überzeugung nicht über Bord, dass der Herr mir helfen würde. Der Tag der Prüfung kam und mir rauchte der Kopf. Kirchengeschichte war dran und ich habe bei Namen und Zahlen eine ausgeprägte Schwäche. Ich stand morgens auf und ging ins Gebet. Ich sagte: „Herr, wenn es dein Wille war, dass ich auf dieses Treffen gehe, dann hilf mir jetzt!" In dem Moment hatte ich den ersten klaren Gedanken seit Tagen: „Augustinus!" Ich weiß es noch wie damals, wie ich verwundert da saß, dann griff ich schnell zum Lehrbuch und lernte alles von Augustinus noch einmal. Ich muss vor Freude gestrahlt haben, denn beim Frühstück schauten mich eine Schwester an und sagte: „Du hast am wenigsten Grund, dich zu freuen, du hast ja nicht richtig gelernt!" Ich sagte zu ihr nur: „Augustinus". Die Prüfung kam und ich musste ein Los unter den vielen Themen ziehen. Auf meinem Los stand: „Augustinus". Gott hatte mir schon im Vorfeld diese „Gebetslast" gegeben. Betend reifte die Überzeugung, was ich tun sollte und dass er mich nicht im Stich lassen würde. Aber dass er so gravierend in mein Leben sprechen würde, hätte ich nicht für möglich gehalten. Doch Gott kann es tun, wenn wir ernsthaft beten. (Es soll sich keiner jetzt einreden lassen, dass er nicht lernen muss. Wir dürfen Gott nicht versuchen! Faulheit hat Gott noch nie belohnt.)

9. Prinzip: *Das Gebet des Glaubens*

Wer sich in eine vertraute und aufrichtige Gebetsbeziehung mit Gott vertieft, dem wird es in verschiedenen Bereichen passieren, dass Gottes Geist ihm offenbart, was Gott für Absichten hat. Das kann Gott durch sein Bibelwort tun, durch ein prophetisches Wort oder ein Wort der Weisheit, durch die Vorsehung (Gott offenbart mir, was er für mich vorgesehen hat) oder durch einen Traum. Hierbei handelt es sich um eine persönliche Erlebnisrealität, wobei einem klar wird, was Gott beabsichtigt. Wenn der Beter durch sorgfältige Prüfung zur Überzeugung kommt, dass es sich tatsächlich um Gottes Willen handelt und nicht um Illusionen, dann ist er aufgefordert, im Glauben an dieser Zusage Gottes festzuhalten. Im glaubenden „Festhalten" erfährt er eine geistgewirkte Gewissheit, die ihn sicher sein lässt, das Erbetene zu erhalten. Hier ist es aber unumgänglich, im Willen Gottes beten zu können und seine eigenen Wünsche und Vorstellungen von Gottes Willen unterscheiden und sie ihnen unterstellen zu können. *„Und das ist die Zuversicht, die wir haben zu Gott: Wenn wir um etwas bitten nach seinem Willen, so hört er uns. Und wenn wir wissen, dass er uns hört, worum wir auch bitten, so wissen wir, dass wir erhalten, was wir von ihm erbeten haben"* (1Johannes 5,14.15). Viele haben schon die Erfahrung gemacht, dass sie betend zur Überzeugung kamen, dass jetzt ein bestimmter Mensch, für den sie baten, zum Glauben gekommen ist und sie aufhören konnten für ihn zu beten. Später bestätigte sich das, wenn man das Bekehrungsdatum mit der Gewissheit der Erhörung verglich. Das Gebet des Glaubens ist sehr wichtig, wenn man das Reich Gottes aus Gottes Möglichkeiten bauen will. Wir kamen mal bei den Holy Riders in einen finanziellen Engpass und hatten kein Geld für eine neue Auflage Bikerbibeln. Weil ich nicht wusste, was ich tun soll, ging ich beten. Hier machte Gott mir klar, dass wir für einen konkreten Betrag Bikerbibeln bestellen sollen und in mir wuchs auch die Überzeugung, dass die Finanzen auf einer bestimmten Veranstaltung zusammenkommen würden. Daran hielt ich im Glauben fest und bestellte die Neuauflage. Es kam dann so, dass die Bibeln direkt zu der Veranstaltung geliefert wurden und wir tatsächlich den benötigten Betrag dort erhielten. Im Glauben konnten wir nach der Zusage die Vorbereitungen treffen und im Glauben erwarteten wir betend die Erfüllung der Verheißung. Gott hält Wort. Ein anderes Mal belastete mich der Gedanke an mein Motorrad. Als ich damit ins Gebet ging, wuchs die Überzeugung, dass ich es verschenken sollte. Ich fragte Gott, wer es bekommen soll, und erhielt keine Antwort. Doch im Gebet reifte die Überzeugung, dass Gott mir schon zur rechten Zeit sagen wird, wer es sein soll. Daran hielt ich im Glauben fest, auch als einer mein Motorrad abkaufen wollte, gab ich es nicht her. Ich hatte die Gewissheit im Glauben, dass eines Tages der Richtige kommen würde, dem ich es schenken soll. Auf einer Bikerveranstaltung kam Monate später ein mir unbekannter Mann auf mich zu und ich spürte plötzlich im Geist, dass er das Motorrad haben soll. Ich sprach ihn an und es stellte sich heraus, dass er missionarisch in der ukrainischen Bikerszene aktiv ist. Ich fragte ihn, ob wir irgendetwas für ihn tun können. Zuerst sagte er: „Wir brauchen dringend die Bikerbibel in der Ukraine.“ Ich dachte zuerst: „Das war es ja nun nicht.“ So fragte ich nochmal: „Können wir euch sonstwie helfen?“ Er meinte nur, dass wir für ihn beten sollen, denn er braucht ein Motorrad für seine Dienste und hat keines. Da war die Sache klar und ich gab ihm den Schlüssel. Gott bereitet uns im Gebet auf Situationen vor, damit wir dann glaubend tun, was er will. Es ist nicht die Frage, ob Gott zu uns reden kann, sondern ob ich bereit bin zu gehorchen! Erst müssen wir Gott gehören, auf ihn hören und horchen und dann gehorchen.

> *Dass es Menschen gibt, die sich täuschen, ändert nicht die Tatsache, dass es geistgewirkte Überzeugungen gibt, mit deren Eintreten wir im Glauben rechnen sollen; beides sollte unser Gebet nur vertiefen.*

Ich betone es extra, dass wir das nicht auf die leichte Schulter nehmen und leichtfertig und leichtsinnig mit inneren „Eindrücken“ und „Stimmen“ umgehen dürfen. Wir können uns und andere leicht täuschen, besonders wenn wir „emotional geladen“ oder uns Menschen für etwas begeistern und wir unsere Begeisterung nicht vom Heiligen Geist unterscheiden können. Unsere guten Wünsche sind noch lange nicht das Gleiche wie Gottes Willen. Das Gute ist immer der Feind des Besten. Doch dass es Menschen gibt, die sich täuschen, ändert nicht die Tatsache, dass es geistgewirkte Überzeugungen gibt, mit deren Eintreten wir im Glauben rechnen sollen, sondern beides sollte unser Gebet nur vertiefen.

10. Prinzip: *Gott erhört nur ernsthafte Gebete*

„Des Gebet des Gerechten vermag viel, wenn es ernstlich ist“ (Jakobus 5,16). Das ist ein ernst zu nehmendes Prinzip für unser Gebetsleben. Ernsthaftigkeit ist die angemessene Einstellung, Haltung und das Verhalten einem gewissen Gegenstand gegenüber. Oft erkennt jemand den Ernst der Lage und muss andere, die sich unangemessen verhalten, ermahnen: „Spaß beiseite, lasst uns ernst werden und zurück zur Sache kommen.“ Bei Ernsthaftigkeit spielt es auch eine große Rolle, ob wir uns gewisse Dinge wirklich bewusst machen wollen und zu Herzen nehmen, z.B. die heilige Gegenwart Gottes, Umgang mit Sünde, die Gefahr, in der die Verlorenen sind, die Situation, in der verfolgte Christen sind, die Mühen, in denen die Missionare stecken ... Es leuchtet ein, dass Gott keine Gebete erhört, wenn sie nicht wirklich ernst gemeint sind. Beim Bekehrungsgebet können wir es deutlich machen, was „ernstlich“ beten heißt. Erkennt der Verlorene wirklich den Teufelskreis, in dem er als verurteilter Sünder steckt, und glaubt er ernsthaft, dass er ohne das Blut Jesu auf ewig verloren geht? Erkennt er, dass er ein durch und durch verdorbener Sünder ist? Tut ihm die Schuld leid? Vertraut der Sünder alleine auf Jesus? Will er Gott ernsthaft gehorsam sein, mit der Überzeugung, dass ihm nichts Besseres passieren kann? Ich habe schon viele Leute ein „Übergabegebet“ beten hören. Bei vielen zweifelte ich, ob es ein ernstes Gebet war. Oft bestätigte der weitere Lebenswandel, dass keine Bekehrung stattgefunden hatte. Die „richtigen“ Worte und das Falten der Hände alleine reichen nicht aus, um gerettet zu werden. Der Sünder muss sei-

> *Unsere Herzenshaltung Gott und dem Gebetsgegenstand gegenüber ist entscheidend. Daran entscheidet Gott, ob er unser Gebet erhören kann oder nicht.*

ne Herzenshaltung ändern, wenn Gott ihn erhören soll. Charles G. Finney hat im Zusammenhang mit diesem Thema folgendes geschrieben. *„Eine Erweckung wird auf zweierlei Weise gefördert: Durch die Beeinflussung der Menschen mit der Wahrheit und durch das Gebet, das den Arm Gottes bewegt. Dies bedeutet nicht, dass unser Gebet die Gesinnung und den Charakter Gottes ändert; das Gebet wirkt eine Veränderung in uns, so dass Gott eingreifen kann, wie er sonst konsequenterweise nicht eingreifen könnte. Tut ein Sünder Buße, so kann Gott ihm vergeben aufgrund seines Herzenszustandes. Gott ist von jeher bereit gewesen, ihm unter dieser Bedingung zu vergeben; ändert ein Sünder seine Einstellung und tut er aufrichtig Buße, dann ist kein „Gesinnungswechsel" Gottes mehr erforderlich, damit dem Sünder vergeben werden kann. Beten Kinder Gottes inbrünstig und erhörlich, dann sind sie ebenfalls in der richtigen inneren Verfassung, die es Gott ermöglich, ihre Gebete zu erhören."(Charles Finney, „Das Gebetsleben der Gläubigen",* Verlag: Freundesdienst CH, 4. Auflg. 1993, S. 4) Unsere Herzenshaltung Gott und dem Gebetsgegenstand gegenüber ist entscheidend und daran entscheidet Gott, ob er unser Gebet erhören kann oder nicht. Wenn unsere innere Verfassung nicht mit dem Erbetenen übereinstimmt, dann wird Gott uns nicht erhören. Wenn das Gebet um Rettung nicht aus einer aufrichtigen und angemessenen Herzenshaltung kommt, dann wird Gott nicht erhören können. Gleiches gilt beim Gebet um Erweckung. Gott will die Gemein-

> *Würdet ihr erwarten, dass ein Sünder von Gott erhört werden würde, wenn er sein Übergabegebet mit der gleichen Herzenshaltung beten würde, die wir haben, wenn wir für die Verlorenen beten? Wir erwarten eine Herzenshaltung bei den Verlorenen Gott gegenüber, die sie oft bei uns nicht finden und das macht uns in ihren Augen zu Heuchlern und hält sie von der Bekehrung ab*

de erwecken, wenn sie ihre Herzenshaltung ändert und ernsthaft um Erweckung betet. Ich möchte ein Beispiel anführen, dass etwas übertrieben deutlich werden lässt, dass unsere Haltung oft nicht in Ordnung ist. Bei Evangelisationen erwarten wir Christen, dass sich Sünder bekehren. Wir halten es für angemessen, dass sie betroffen bei dem Aufruf nach vorne kommen und in der Gegenwart des Heiligen Gottes vielleicht sogar unter Tränen ihre Sünden bekennen und Buße tun. Das ist tatsächlich nicht unangemessen, sondern dem Ernst der Lage, in der sich der Sünder befindet, und angesichts der überwältigenden Liebesbotschaft Gottes durch das stellvertretende Leiden Jesu wirklich angebracht. Jetzt sind wir aber mal ehrlich. Wenn wir von dem Sünder solch einen Ernst im Gebet für angebracht halten, warum lassen wir diesen Ernst in der persönlichen und gemeinsamen Fürbitte der Gemeinde vermissen? Wir erwarten, dass der Verlorene ernsthaft Buße tut, aber wir wollen nicht mit der gleichen Ernsthaftigkeit für die Verlorenen beten. Am besten soll der Sünder auf die Knie gehen und um Gnade flehen, aber wer geht in unseren Gebetsversammlungen flehend auf die Knie für die Verlorenen und bittet um Gnade, wie das Daniel für das sündige Volk tat (Daniel 9)? Meine Erfahrung ist die, dass die Sünder mit gleicher Herzenshaltung die Übergabegebete sprechen, wie die Gemeinde für die Bekehrung der Sünder gebetet hat.

> *Meine Erfahrung ist die, dass die Sünder mit gleicher Herzenshaltung die Übergabegebete sprechen, wie die Gemeinde für die Bekehrung der Sünder gebetet hatte. Die Gemeinde braucht sich nicht wundern, wenn die Bekehrung ebenso oberflächlich und bald vergessen ist wie die Gebete für die Bekehrung. Oft beten „Christen“ ebenso oberflächlich für die Bekehrung anderer, wie sie bei ihrer eigenen Bekehrung gebetet haben. Und damit ist die Frage berechtigt, ob sie wirklich Christen sind!*

Die Gemeinde braucht sich nicht wundern, wenn die Bekehrung ebenso oberflächlich und bald vergessen ist, wie die Gebete für die Bekehrung. Oft beten „Christen" ebenso oberflächlich für die Bekehrung anderer, wie sie bei ihrer eigenen Bekehrung gebetet haben. Und damit ist die Frage berechtigt, ob sie wirklich Christen sind! Ich frage mich oft in Gebetsversammlungen, ob die Menschen, die hier für die Bekehrung anderer beten, selber bekehrt sind. Ich betone es noch einmal. Die Worte alleine sind es nicht, sondern die innere Einstellung aus denen die Worte formuliert werden. Es gibt vieles traditionelle Beten für Verlorene, ohne Aussicht auf Erhörung, wenn die Beter nicht selber zur echten Buße kommen. Nur ernsthaftes Gebet wird erhört. Nur ernsthaftes Gebet wird zur Erweckung der Gemeinde und zur Rettung der Verlorenen führen. Prüft euch einmal. Würdet ihr erwarten, dass ein Sünder von Gott erhört werden würde, wenn er sein Übergabegebet mit der gleichen Herzenshaltung beten würde, die wir an den Tag legen, wenn wir für die Verlorenen beten? Wir erwarten eine Herzenshaltung bei den Verlorenen Gott gegenüber, die sie bei uns nicht finden und das macht uns in ihren Augen zu Heuchlern und hält sie von der Bekehrung ab. Oft war ich als Evangelist auf „christlichen Veranstaltungen" eingeladen. Die Veranstalter sagten, dass sie Menschen für Jesus erreichen wollen. Aber das Rahmenprogramm alleine macht das schon oft unmöglich. Da wird gespaßt, geblödelt, Witze gerissen und plötzlich wird einem gesagt, dass man auf ewig verloren geht, wenn man nicht umkehrt. Kein Wunder, dass das keiner glaubt. Zwischen Gags und Party soll man einem die Bedeutung des Blutes Jesu vor Augen malen. Das ist so was von unglaubwürdig und lächerlich in den Augen derjenigen, die wir in die Hölle witzeln. Stell dir vor, da kommt einer lachend auf dich zu, erzählt dir einen Witz, blödelt etwas mit dir und teilt dir dann plötzlich bevor er geht mit, was

> *Was wir in der Gemeinde brauchen, ist eine Erweckung und ernsthaftes Gebet ist der einzige Weg dahin.*

er dir schon lange sagen wollte, nämlich, dass dein Haus brennt, dein Hund vor 20 Minuten überfahren wurde und dass deine Eltern todkrank sind. Kommt etwas irritierend, oder? Genau so fühlen sich viele Verlorene oft. Weil wir nicht mit einem angemessenen Fingerspitzengefühl, Ernst und Liebe mit den Verlorenen umgehen, erleben wir es auch nicht, dass Sünder in unseren Reihen zur echten Buße finden. Viele Veranstalter wollen das auch nicht. Jesus muss Spaß machen und unser Kumpel sein. Da ist es auch kein Wunder, dass nicht ernsthaft gebetet wird und es ist auch „kein Wunder“, dass hunderte nach vorne kommen. Das Wunder der Wiedergeburt geschieht nicht, auch wenn das noch so ein schöner und „erfolgreicher“ Abend war. Da müssen wir uns nichts vormachen. Gott lässt sich nicht täuschen wie wir. Gott erhört nur ernsthafte Gebete. Was wir in der Gemeinde brauchen, ist eine Erweckung und ernsthaftes Gebet ist der einzige Weg dahin. Der Gemeinde muss aufs Neue Gottes heilige Gegenwart bewusst werden und damit die heilige Stellung, die die Gemeinde vor Gott und den Menschen hat. Die Gemeinde muss sich erneut bewusst machen, was es heißt, verloren zu sein und auf welchem Weg all die Verlorenen

> *Manchmal ist mir das Bild der sinkenden Titanic vor Augen. Da wurden Menschen der dritten Klasse weggeschlossen und zum Absaufen verdammt, andere trieben schreiend im Wasser und die wenigen Rettungsboote ruderten halbleer fort! So handeln viele Gemeinden im Angesicht der schreienden Not. Tausende und Abertausende gehen jeden Tag auf ewig verloren und wir sitzen in unserem Schiff, das sich Gemeinde nennt, und feiern uns! Volk Gottes, erwache im Namen Jesu Christi und erkenne die grausame Realität! Statt uns zu feiern, sollten wir mit Sack und Asche ins Gebet gehen!*

sind! Die Gemeinde muss diese Not empfinden, die Dringlichkeit und den Ernst der Lage! Die Gemeinde muss aus ihren Illusionen, überholten Traditionen und ihrer Lauheit aufwachen, um ein Volk Gottes zu werden, das Gott segnen kann. Wir beten oft nicht ernsthaft, deshalb erhört Gott auch nicht. Unsere Einstellung den Verlorenen gegenüber ist nicht die, die es Gott ermöglicht, unsere Gebete zu erhören. Wir sehnen uns nicht wirklich danach, ihnen zu helfen. Wenn Leute zum Glauben kommen würden, dann würden sich viele von uns an einer erweiterten Gemeindeliste erfreuen und an einem volleren Gottesdienstsaal, aber sind wir bereit, unsere Prioritäten zu ändern? Sind wir bereit, den Preis zu bezahlen? Wollen wir für die Menschen da sein, die unsere Hilfe brauchen? Wollen wir sie geduldig und barmherzig begleiten, damit sie geistlich wachsen können? Fangen wir sie gnädig und liebevoll auf, wenn sie fallen? Beten wir nur für „unsere Lieben" oder auch für unsere Feinde? *„Was seid ihr besonderes, wenn ihr nur die liebt, die euch auch lieben? Tun nicht dasselbe auch die Heiden?"* (Matthäus 5,45) Manchmal ist mir das Bild der sinkenden Titanic vor Augen. Da wurden Menschen der dritten Klasse weggeschlossen und zum Absaufen verdammt, andere trieben schreiend im Wasser und die wenigen Rettungsboote ruderten halbleer fort! So handeln viele Gemeinden im Angesicht der dringenden Not. Tausende und Abertausende sterben jeden Tag und wir sitzen in unserem Schiff, das sich Gemeinde nennt und feiern uns! Volk Gottes, erwache im Namen Jesu Christi und erkenne die Realität! Statt uns zu feiern, sollten wir mit Sack und Asche ins Gebet gehen!
Gott kann täglich zur Gemeinde hinzufügen und er will täglich hinzufügen und deshalb will er unsere Herzen darauf vorbereiten, wenn wir ernsthaft beten. Ich war schon oft in Versammlungen, wo man für die Bekehrung der Verlorenen gebetet hat, und wenn die Versammlung aus war, wurden die Verlorenen, die ich mitgebracht hatte gemieden (gelinde ausgedrückt). Wenn hier nicht Buße getan wird, wird die Erweckung ausbleiben. Ich weiß von einer Gemeinde, da kam der Gastredner als Penner verkleidet und

setzte sich in die letzte Bank. Nach dem Liedersingen und dem nervösen hin und her Schauen, wo der Gastredner denn bleibt, kam einer der Ältesten auf den Penner zu, drückte ihm 5€ in die Hand und sagte: „Komm, trink dir einen, das ist hier nichts für dich.“ Herr, erbarme dich!
Ich weiß nicht, wie oft ich selber als Gastredner eingeladen war und denkwürdige Momente erlebte. Ich bemerke die hochmütigen Blicke der Gottesdienstbesucher, die sich fragen, was das denn für einer ist, nur weil wir mit dem Motorrad kamen. Aber richtig entsetzt waren sie dann, wenn ich auf die Kanzel ging und sie merkten, dass „dieser Asoziale“ der erwartete Gastprediger ist. Ich weiß nicht, wie oft schon Christen nach der Predigt auf mich zukamen und sich bei mir entschuldigten, aufgrund ihres Verhaltens mir gegenüber vor der Predigt. „Hätte ich gewusst, dass sie der Prediger sind, dann…“ Aber alle beten sie für die Bekehrung der Verlorenen! Volk Gottes, erwache! Ein Bekannter von mir, ein Landwirt von Beruf, zog um und suchte eine neue Gemeinde. Er hatte einen schönen Sonntagsanzug an und als der Gottesdienst aus war, kam jemand auf ihn zu und während des Gesprächs sagte diese Person ahnungslos zu ihm: „Wir haben ein Gemeindeprofil entwickelt und wissen, wen wir erreichen wollen. Bauern wollen wir hier nicht haben.“ Ist das nicht eine grausame Schande? Soll das Gemeindeniveau sein? Wer öffnet dann die Türen für all die suchenden Biker, wenn sie kommen? Wer hat in Europa ein Gemeindeprofil für sie entwickelt? Wenn die Gemeinden an diesem Punkt nicht aufwachen und aufrichtig Buße tun, wird es so weitergehen wie jetzt. Die Rettungsboote rudern umher und suchen zwischen all den Verlorenen nach denen, die ihnen passen, und die Geschichte vom barmherzigen Samariter und Jesu Aufruf, den Nächsten zu lieben, geht mit den erfrierenden und sinkenden Menschen unter. Was wir brauchen, ist eine echte Erweckung!

Gott will jetzt und hier handeln: Keiner der gläubigen Leser wird daran zweifeln, dass Gott darauf wartet, dass die Sünder jetzt und hier zu Gott kommen sollen und dass Gott jetzt und hier das Wunder der Wiedergeburt wirken will, wenn der Sünder mit aufrichtigem Herzen kommt. Warum zweifeln aber so viele daran, dass Gott jetzt und hier in unserer Gemeinde eine Erweckung schenken möchte? Jetzt sofort! Gott ist jetzt bereit dazu, er möchte uns jetzt erwecken. Gott möchte uns heute in ein Leben in seiner Gegenwart ziehen, so dass wir in dem Bewusstsein von Gottes Gegenwart ein heiliges, attraktives Leben in brüderlicher Einheit und Liebe leben. Es ist doch wirklich beschämend, dass wir dem Sünder immer wieder sagen, dass Gott bereit ist, ihn jetzt anzunehmen, und selber wollen wir es als Gemeinde nicht glauben, dass uns Gott jetzt erwecken will. Da können wir uns abmühen, wie wir wollen, und Veranstaltungen und Konferenzen besuchen. Erweckung wird Gott dann schenken, wenn wir Gott ernst nehmen und ernsthaft beten. Vielerorts haben wir uns auf ein niveauloses Gebetsleben herabgelassen. Das merkte ich persönlich erst, als ich Gemeinden traf, die „ernsthaft beteten.“ Als junger Evangelist wurde ich von einem Jugendkreis eingeladen, der eine Straßenevangelisation auf einem Stadtfest organisiert hatte. Nachdem man mir die Bühne und alles andere gezeigt hatte, führte man mich in einen Raum, wo die Jugendlichen zum Gebet versammelt waren. So etwas hatte ich zuvor nicht erlebt. Die Jugendlichen rangen unter Tränen und Flehen auf den Knien für die verlorenen Menschen in der Stadt. Sie nannten ihre Freunde und Bekannte beim Namen und brachten sie unter „Geburtswehen“ vor den Herrn, damit sie wiedergeboren werden, wie ich das noch nie erlebt hatte. Ich war wie versteinert. Mir schossen allerlei mögliche Gedanken durch den Kopf: „Darf man so beten? Muss das sein? Geht es nicht etwas dezenter?“ Denn es war mir peinlich, selber so zu

> *Es ist doch wirklich beschämend, dass wir den Sündern immer wieder sagen, dass Gott bereit ist, sie jetzt anzunehmen, und selber wollen wir es als Gemeinde nicht glauben, dass uns Gott jetzt erwecken will.*

beten. Ich war nicht in der Lage dazu. Doch das Zeugnis des Geistes war deutlich. Von allen Anwesenden war ich derjenige, der eine verdorbene Einstellung dem Dienst, der Gemeinde und den Verlorenen gegenüber hatte. Gott hat mich tief gedemütigt. Seitdem traf ich viele Gemeinden in Europa und kann sagen, dass ich hier und da Geschwister mit ähnlichem Gebetsgeist und Eifer traf. Hier war Erweckung im Gange.

Emotionen beim Beten: Es ist kein Zeichen von einem heiligen Niveau, wenn Christen in Gemeinden ihre scheinbare Würde beim Gebet wahren. In Wahrheit handelt es sich oft um innere Starrheit und Angst, ernsthaft zu beten und aufrichtig angebrachte Emotionen zu zeigen. Oft sind diese Menschen auf anderen Lebensgebieten nicht verlegen, Emotionen zu zeigen, z.B. wenn der Fußballverein verloren oder gewonnen hat. Oder wenn ihr Autolack angekratzt wird oder das Wohnzimmer verbröselt wird. Aber für die verlorenen Menschen Emotionen zeigen können sie nicht. Hier ist Unaufrichtigkeit und Unehrlichkeit. Es liegt nahe, dass solch eine Gemeinde eher scheinheilig ist, aber ernsthaft beten tun dort wahrscheinlich nur wenige, die dafür belächelt und gemieden werden. Schaut euch Jesus an, er weinte über Jerusalem, es jammerte ihn, als er den Aussätzigen sah, und er half ihm. Barmherzigkeit wollte Gott statt Opfer und religiöse Würde. Schaut euch im AT um, wie oft Menschen in ihrer Not zu Gott schrieen! Wenn wir doch nur die Not erkennen würden, in der unsere Gemeinden und

> *Statt einem gesunden Gottesbewusstsein haben viele in der Gebetsstunde nur ein krankes Selbstbewusstsein und sind ständig mit sich beschäftigt und damit, was die anderen wohl denken würden, wenn sie jetzt laut und ernsthaft beten würden. Eine Erweckung weg vom Selbstbewusstsein und hin zum Gottesbewusstsein ist nötig, wenn uns Gott erhören soll!*

die Verlorenen sind, wir würden schreien und nicht aufhören, bis Gott uns erhört hat.
Auf der anderen Seite habe ich in vielen „modernen“ Gemeinden Christen zu recht über überholte Traditionen reden gehört. Doch viele bemerken dabei gar nicht, dass ihre moderne Art auch zur Gesetzlichkeit geworden ist. Wehe einer bleibt beim Lobpreis sitzen, dann interpretiert man ihm schon „Ungeistlichkeit“. Es ist zur Tradition geworden, dass man immer gute Gefühle und Stimmung zeigen muss. So viele lassen sich dazu verführen, so zu tun als ob, weil es die Gemeindetradition ist. In diesem Umfeld kann man sich auch viele Heuchler und Scheinheilige heranziehen. Oft ist die Menschenfurcht bei so vielen Gebetsversammlungen greifbar und überwiegt leider noch die Erfurcht vor Gottes Gegenwart. Statt einem gesunden Gottesbewusstsein haben viele in der Gebetsstunde nur ein krankes Selbstbewusstsein und sind ständig mit sich beschäftigt und damit, was die anderen wohl denken würden, wenn sie jetzt laut und ernsthaft beten würden. Eine Erweckung weg vom Selbstbewusstsein und hin zum Gottesbewusstsein ist nötig, wenn Gott erhören soll!

11. Prinzip: *Zum Beten gehört Ergebenheit*

Mancher wird aufgrund des vorigen Kapitels ins Feld führen, dass wir doch aufgrund von Gottes Souveränität mit Ergebenheit beten sollen. Dabei wird oft die vorherrschende Oberflächlichkeit oder Gleichgültigkeit mit Ergebenheit verwechselt. Doch Ernsthaftigkeit und Ergebenheit schließen sich auf gar keinen Fall aus. Wir wollen uns einige Ereignisse in der Schrift ansehen, wo wir wirkliche Ergebenheit beim ernsthaften Gebet studieren können. David betete ernsthaft für das Leben seines ungeborenen Sohnes, solange dieser noch lebte. David fastete dabei und lag flehend ausgestreckt vor Gott auf dem Boden. David war es gleich, was sein königliches Umfeld darüber denkt, und selbst wenn er geahnt hätte, dass ihn alle Generationen nach ihm in der Bibel dabei beobachten können, wie er da flehend im Staube um das Leben seines Sohnes ringt, hätte er es nicht anders gemacht. Ihm war es ernst damit! Erst, als unwiderruflich feststand, dass Gott das Kind trotz allem zu sich genommen hat, ergab sich David in Gottes Willen und haderte nicht mit ihm. Er stand auf, beendete das Fasten und ging ergeben vor Gott an das Tagewerk. Doch David ergab sich nicht, bevor die Sache entschieden war. Paulus betete darum, dass ihm der Pfahl aus dem Fleisch genommen wird. Er bekam ebenfalls nicht, um was er bat. Er betete weiter und ließ nicht locker, bis er nach dem dritten Beten die Antwort bekam, die ihn zur Gewissheit von Gottes Absicht brachte. Als Paulus die Absicht Gottes bewusst wurde, ergab er sich in Gottes Willen und nicht vorher, weil er Gottes Willen vorher für seine Situation nicht kannte. Ergeben sein konnte Paulus erst, nachdem ihm klar war, dass Gott in dem Schwachen mächtig sein will. Hier erkennen

> *Ein wirklich ergebener Beter betet ernsthaft und anhaltend, bis ihm Gottes Absicht klar ist, in die er bereitwillig einwilligt.*

wir, dass ernsthaftes und ergebenes Gebet zusammengehören. Ein wirklich ergebener Beter betet ernsthaft und anhaltend, bis ihm Gottes Absicht klar ist, in die er bereitwillig einwilligt. Wenn wir aufhören, ernsthaft zu beten, ohne das Erbetene oder eine Antwort von Gott empfangen zu haben, dann versuchen wir Gott. Wir beten dann nicht ergeben sondern gleichgültig, denn es ist uns gleich, ob Gott handelt oder nicht - ob er uns antwortet oder nicht. Vieles, was „Ergebenheit" genannt wird, ist in Wahrheit Gleichgültigkeit, Oberflächlichkeit und Menschenfurcht beim Beten. Viele formulieren Worte an den Himmel, aber sie rechnen nicht wirklich damit, dass Gott früher oder später antwortet, wenn sie ernsthaft und ergeben beten. Wir können sehen, wie Abraham ernsthaft mit Gott um Sodom rang. Es war nicht vergebens. Er hörte nicht auf, bevor er sich der Zusagen Gottes gewiss war. Auch Moses flehte zu Gott, wegen dem sündigen Volk in der Wüste. Auch er hörte nicht auf, bevor er sicher war, dass Gottes Volk verschont wird.

Wenn wir aufhören, ernsthaft zu beten, ohne das Erbetene oder eine Antwort von Gott empfangen zu haben, dann versuchen wir Gott. Wir beten dann nicht ergeben, sondern gleichgültig, denn es ist uns gleich, ob Gott handelt oder nicht - ob er uns antwortet oder nicht.

Ergebenheit ist die demütige Haltung eines ernsthaften Beters. Ergebenheit ist die Einwilligung in Gottes Willen, wenn fest steht, was Gott zu tun beabsichtigt.

12. Prinzip: *Richtig empfangen gehört zum Beten*

„Bittet, so wird euch gegeben; suchet, so werdet ihr finden; klopfet an, so wird euch aufgetan. Denn wer da bittet, der empfängt; und wer da sucht, der findet; und wer da anklopft, dem wird aufgetan" (Matthäus 7,7). Jesus versichert uns, dass echtes Beten empfängt. Viele beten und erwarten gar keine Erhörung. Wenn man sie fragt, wofür sie gebetet haben, dann wissen sie es oft schon nach kurzer Zeit nicht mehr. Wer würde im Laden um 200 Gramm Käse bitten und gehen, ohne ihn erhalten zu haben? Wer würde angesichts seines brennenden Hauses um Hilfe bitten und damit aufhören, bevor es gelöscht ist? Wer bittet Gott um eine Sache und ist ohne Antwort zufrieden? Erstaunlich viele! So viele gibt es, die das Gebet als eine religiöse Übung ansehen und oberflächlich beten, anstatt mit ernsthafter Aufrichtigkeit. Wenn wir einen Bekannten um seine Hilfe bitten würden, dann würden wir versuchen, an seinem Gesicht abzulesen, wie er reagieren wird. Wir würden versuchen herauszufinden, ob er bereitwillig oder unwillig ist. Dieses forschen brauchen wir im Gebet, um Gottes Willen zu erkennen, um dann ergeben zu empfangen, was er geben wird. Wer ernsthaft betet, dem wird Gott sicher antworten, entweder mit der konkreten Gebetserhörung oder mit der Offenbarung seines Willens, so dass wir sicher sind, dass Gott geantwortet hat. Ich habe hier viele Wunder erlebt. Als der Herr mich auf die Bibelschule berief, da wurde mir mitgeteilt, dass ich einen Computer brauchen würde. Ich hatte keinen und wollte auch nie einen haben. So ging ich widerwillig ins Gebet. Im Gebet überzeugte mich der Herr, dass es für das Reich Gottes wichtig sei, mit einem PC umgehen zu können. Also willigte ich ein und bat Gott um einen PC, da ich kein Geld dafür hatte. Ich wusste, dass Gott etwas tun würde. Einen Tag später stand ein Bruder vor der Tür und sagte, dass ihm der Herr aufs Herz gelegt habe, einen PC vorbeizubringen. Er hatte alles dabei. Ein anderes Mal machte ich mir Gedanken, wie wir einen mehrmonatigen Verkün-

digungseinsatz im Ausland angehen sollten. Im Gebet reifte die Überzeugung, mit einem Wohnwagen zu reisen. So machte ich mich auf die Suche, aber alle in unserer bescheidenen Preisklasse hatten keine funktionierende Heizung und das war im Winter nichts. Aber bei einem Händler sahen wir einen Wohnwagen, genau nach unserer Vorstellung, doch unbezahlbar. Zuhause im Gebet angekommen, ließ mich der Gedanke nicht mehr los, dass wir den Wohnwagen nehmen sollten, aber wir hatten unmöglich das Geld. Da kam mir der Gedanke an eine Sitzung, die in der kommenden Woche statt finden sollte. Ich wusste, dass auf diese Sitzung die Ältesten einer Gemeinde kommen wollten, die mir noch etwas Fahrtgeld für eine Gemeindewoche zahlen wollten. Ich dachte nicht im Traum daran, dass mir die Brüder das Geld für den Wohnwagen geben würden, vielleicht einen kleinen Teil davon, und trotzdem war ich frei, beim Wohnwagenhändler anzurufen und ihm mitzuteilen, dass ich in der kommenden Woche das Geld zusammenhätte. Ich meinte, dass sich bis dahin noch andere Möglichkeiten auftun würden. Wie war ich erstaunt, als der Älteste der Gemeinde auf der besagten Sitzung sagte, dass der Herr ihnen aufs Herz gesetzt hatte, mir einen gewissen Betrag zu geben. Es war der exakte Betrag des Wohnwagens! Wir haben immer wieder erlebt, dass der Herr treu ist und gibt, wenn wir bereit sind, seinen Willen zu tun. Bei anderen Gebetsanliegen musste ich aber auch manchmal früher oder später merken, dass Gott etwas anderes vorhatte. Gott sei Dank, dass er uns nicht alle unsere Wünsche erfüllt, ich hätte ein verwünschtes Leben! Nicht selten musste ich leider auch feststellen, dass ich mich täuschen ließ und Dinge gewaltig schief gingen. Hier müssen wir demütig und einsichtig werden. Es liegt im Versagen nicht daran, dass „wir halt nur Menschen sind“ oder „nobody ist perfekt“, sondern wir müssen erkennen, dass wir das Gebet vernachlässigt haben und es uns erlaubt haben, lässig mit Sachen umzugehen, die Gott wichtig sind. Aus Scheitern müssen wir über Buße gescheiter werden. Die Aussicht, konkrete Gebetserhörungen zu erleben und auf der anderen Seite vor Scherbenhaufen stehen zu müssen, wenn wir nicht beten, sollte uns ins Gebet treiben.

Wie Segen entsteht: Beim Empfangen von Gebetserhörungen und Gottes Segensgaben gibt es ein Prinzip, wie wir Wunder über Wunder erleben können. Es ist so wichtig, dieses Prinzip zu beachten, denn sonst kann kein Segen fließen. Jesus versuchte dieses Prinzip seinen Jüngern bei der Speisung der 5000 (Markus 6,30ff) beizubringen und das macht er bis heute mit jedem Jünger in der Nachfolge. Es musste ein Wunder geschehen, wenn die 5000 satt werden sollten, die Jünger hatten selber Hunger und sie wussten weder sich noch den anderen zu helfen. Dieses Gefühl kennen wir alle. Doch Jesus sagt etwas verwunderliches, bevor er das Wunder tut: *„...gebt ihr ihnen zu essen."* Ich kann mir vorstellen, dass sich die Jünger ziemlich überfordert vorkamen. Hatte Jesus vergessen, dass sie doch gerade aufgrund des eigenen Hungers mal eine Auszeit nahmen? Sie hatten ja nicht mal etwas für sich selber, wie sollten sie allen anderen zu essen geben? Geld hatten sie nicht genug, zwei Brote und fünf Fische waren da, aber was war das für 5000 Menschen? Jesus schickte sich da an, ihnen etwas beizubringen. Er sah zu Gott auf und segnete das Brot! Jesus lebte mit einem realen Gottesbewusstsein! Dann brach er das Brot. ... Ja, was soll denn das? Jetzt gab Jesus jedem eine Grete mit etwas Fisch und einen Kanten Brot?! „Was sollen wir damit? Jesus! Lass eine Bäckerei und einen Pottwal vom Himmel fallen, angesichts der Menge der Leute! Soll das ein Wunder sein?" Das Wunder hatte längst begonnen, aber wenn Jesus ein Wunder im Gebet „vorbereitete", erwartete er nicht unbedingt einen Pottwal vom Himmel, sondern segnete das wenige. Ich kann mir vorstellen, dass dies den Jüngern etwas peinlich vorkam. Jeder hatte eine Grete und einen Brotkanten und das sollte ein Segen sein? Ich kann mir vorstellen, dass Petrus den Johannes fragend ansah, dass Johannes skeptisch zu Matthäus sah, Stille. Vielleicht waren sie versucht, das wenige lieber selber aufzuessen, aber

> *Was Gott dir an Segen geben will, wird durch dein Weitergeben den Segen entfalten und nicht darin, dass du es für dich empfängst.*

wie auch immer, sie gingen los und verteilten ihre Grete und den Brotkanten. Was geschah? Nach und nach wurden alle satt und am Schluss waren zwölf Körbe über. Hier sollten wir innehalten und uns ein paar bemerkenswerte Dinge vor Augen halten.
1) Als Jesus im Bewusstsein von Gottes Gegenwart segnete, da erwartete er nicht „große Pottwalwunder“ vom Himmel, sondern segnete das wenige, das er bekam.
2) Jesus gab es weiter und aß nichts davon. Auch die Jünger aßen nichts von dem, was sie empfangen haben, sondern gatten die Segensgabe weiter.
3) Ströme des Segens wurden im Weitergeben offenbar und das Essen vermehrt. Hätten die Jünger das wenige selber gegessen, wäre kein Segen geflossen.
4) Als der Segen weiter geflossen war, da blieben genau zwölf Körbe übrig, für jeden Jünger einen.
Wir müssen hier mal scharf nachdenken. Nehmen wir mal an, dass mir ein edler Spender 100€ spendet. Ist das jetzt ein Segen für mich oder nicht? Wenn ich diese Frage in den Gemeinden gestellt habe, dann war die überwältigende Mehrheit der Antworten immer „Ja“. Aber stimmt das? Ich sage „Nein, noch ist es kein Segen! Es trägt den Segen in sich, der beim Weitergeben offenbar wird. Jetzt kommt es darauf an, was ich mit dem Geld mache! Wenn ich es nicht zur Ehre Gottes einsetze, dann wird es mir und anderen zum Fluch.“ Wenn mir einer 100 € gibt, dann ist es ein Segen zuerst für den Geber, denn indem er es weitergibt, wird der Segen in ihm und durch ihn und auch für ihn gewirkt. Es wird auf jeden Fall „ein Korb voll“ für ihn übrig bleiben. Wenn nicht hier, dann das 100fache in der zukünftigen Welt! Aber Segen muss immer fließen. Gott hat uns nicht als Stausee geschaffen, bei dem man was ablässt, wenn er zu voll wird. Segen entsteht nicht, wenn wir von unserem Überfluss geben, sondern wenn wir das wenige, das wir von Gott bekommen haben, weitergeben. So viele kommen mit der Haltung eines Stausees zu Gott und wollen etwas empfangen. „Herr, ich brauche Trost!“ oder, „Herr, sieh meine Not!“. Sie wollen, dass Gott ihren Mangel segnend auffüllt, sie denken

dabei aber nicht daran, etwas weiterzugeben. Gott gibt dir nie so wenig, dass es nur für dich reicht, egal, um was es sich handelt, es sind Tausende, die die gleiche Not haben, und Gott will sie durch dich und mit dir segnen! Wenn du willst, dass Gott dir was gibt, dann musst du wissen, dass das, was er gibt, das Potential hat, durch Weitergeben gesegnet zu sein und nicht im Empfangen! Gott gibt dir immer so viel, dass es auch für andere in Not reicht. Gott gibt dir aber nicht immer so viel auf einmal, dass eine Bäckerei und ein Pottwal vom Himmel fallen, sondern meistens gibt uns Gott eine Grete und einen Brotkanten für 5000 - und für dich. An wen denkst du beim Beten zuerst? Für wen bittest du, wenn du zu Gott kommst? Für dich oder für die anderen? Gott sieht nämlich nicht nur dich! Keine Panik, er hat dich nicht übersehen, aber oft hast du die anderen übersehen, die Gott durch dich segnen will. Gott sieht die vielen Tausende, die verloren gehen - und er sieht dich! Schaue nicht so ungläubig auf das kleine Zeugnis, das du hast. Schaue auf den Herrn, danke ihm dafür und bitte um Gottes Segen für dieses kleine Zeugnis und dann: Teile es mit anderen, gib es freudig weiter und du wirst sehen, wie Gott hier Segensströme wirken kann. Verwundere dich nicht über die Greten deiner Gaben und die Brotkanten deiner Unzulänglichkeit, schaue nur auf den Herrn, sei dankbar dafür, bitte um den Segen und dann diene dem Herrn damit am Nächsten und du wirst merken, wie der Herr Segensströme fließen lässt. Verwundere dich nicht über die wenigen finanziellen Mittel, sondern erkenne auch hier das Prinzip des Segens. Ich habe das auch lernen müssen und lerne hier nie aus. Als ich auf die Bibelschule ging, musste ich mich ganz auf den Herrn verlassen, dass er mich durchträgt, und zwar mit der Kaltwasserschockmethode! Gleich am Anfang wurde meine staatliche Unterstützung gestrichen. Ich wusste mir nicht mehr zu helfen und teilte das meinen Lehrern mit. Wir beteten. Im Laufe der Woche lag ein Briefumschlag ohne Absender mit Geld in meinem Postfach. Ein Tag später dasselbe, dann war ein Tag Pause und dann kam wieder einer. Ich sagte damals: „Herr, ich werde nie wieder mit dir zweifelnd über Finanzen reden."

Da waren Geschwister, die bereitwillig gaben, als der Herr es ihnen aufs Herz legte. Gott segnete mich durch sie, nicht zuerst, weil ich Geld empfangen durfte, sondern weil ich lernen durfte, es ebenfalls weiter fließen zu lassen und nicht selbstsüchtig im Kino zu vergeuden. Es ist ein Geben und Nehmen. Eines Tages, es war kurz vor dem Sommer, hatte ich durch Spenden ganze 1500 DM zusammen bekommen. So viel hatte ich noch nie gehabt. Ich malte mir schon einen schönen Urlaub aus, da ging ein Bruder in unserer Bibelschule nach vorne und teilte uns mit, dass er auf dem Herzen habe, in die Mission zu gehen, aber dass ihn seine Gemeinde nicht unterstütze. Ich spürte deutlich, dass ich ihm einen gewissen Betrag geben soll. Ich machte dies ebenfalls mit einem anonymen Briefumschlag. Am Abend kam derselbe Bruder wieder nach vorne und teilte allen mit, dass er durch diesen Geldbetrag von Gott die Bestätigung erhalten habe zu gehen. In dieser Situation machte ich das erste Mal so richtig die Erfahrung, was es heißt, dass Segensströme „fließen“. Ein Tag später kam ein anderer Missionsbruder auf Besuch und der Herr legte mir aufs Herz, ihm den Restbetrag auszuhändigen. Damit war das erträumte Urlaubsgeld weg! Doch aus diesem Geld wurde eine Segensquelle, die durch Europa fließt! Denn dieser Bruder fing an, die Bikerbibeln zu produzieren, die wir mittlerweile in acht Sprachen und zu Tausenden Exemplaren in Europas Bikerszene verteilen. Ich erkannte langsam aber sicher, dass ich von allem nur Verwalter von Gottes Gaben bin, von allem! Meine Zeit, Kraft, Konzentration, Geld, alles! Mein Auto, meine Ehe, alles! Die Verantwortung liegt darin, mit allem, was ich habe, ins Gebet zu gehen und Gott zu fragen, wer es haben soll. Wer soll wann meine Zeit haben? Wer soll meine Hilfe bekommen? Wo soll ich

> *Gott wirft keinen Pottwal vom Himmel, wenn du ein Wunder brauchst, aber wenn du Wunder erleben willst, dann erkenne das Potential dazu in deiner Fischgräte und gebe sie im Glauben weiter!*

im Reich Gottes die Finanzen einbringen, die ich bekommen habe usw.? Wir haben wenig Kraft, kaum Geld, keine Zeit! Aber der Herr macht immer mehr daraus, wenn man das wenige weitergibt! Das heißt an der Quelle des Lebens zu leben. Eines Tages sagte Gott mir, dass ich mein Motorrad weggeben soll, ein anderes Mal bekam ich eines. Das ganze Leben eines Christen ist im Fluss, denn es sollen Ströme des lebendigen Wassers fließen in uns und durch uns. Willst du das erleben, dass in deinem Leben Ströme des lebendigen Wassers strömen? Mancher wird sagen: „Ja, das will ich schon, aber nicht so!“ Aber wie dann? Erwartest du emotionale Segensberauschungen? Gesundheit und Wohlstand für dich, während die Menschen im Teufelskreis zur Hölle fahren und auf ewig verloren gehen? Warum misstraust du Gott? Glaubst du nicht, dass auf Gottes Segenswegen 5000 satt wurden und zwölf Körbe über waren? Für Jesus war keiner über. Er ging leer aus. Er hat am Kreuz bezahlt, er hat alles gegeben! Und du willst nur haben und Reste und Überschuss abtreten? Das ist weder Nachfolge noch ist es ein Leben im Segen, sondern ein Leben im Fluch. Der reiche Mann gab dem armen Lazarus gnädiger Weise auch die Brotkrumen, die vom Tisch fielen und wunderte sich, warum er in die Hölle kam. Wie verblendet sind wir, wenn wir meinen, dass wir gesegnet seien, weil wir empfangen und im Überfluss haben! Segen entsteht beim Weitergeben und nicht beim Empfangen und haben! Gott will keine Staudammchristen, sondern Christen, aus dessen Leib Ströme des lebendigen Wassers fließen! Gott will dir geben, was du brauchst, und er wird dir geben, was du brauchst, aber meistens nach dem Grätenprinzip. Gott wirft keinen Pottwal vom Himmel, wenn du ein Wunder brauchst, aber wenn du Wunder erleben willst, dann erkenne das Potential dazu in deiner Fischgräte und gib sie im Glauben weiter! Sehe auf den gegenwärtigen Gott, danke ihm und segne, gib weiter und staune. So viele verpassen die größten Wunder, weil sie Gott misstrauen und selbstsüchtig an ihren Greten festhalten. Sie bringen sich und andere um den Segen und Gott in Verruf bei denen, die geistlich verhungern.

13. Prinzip: *Beharrliches Beten erfährt Erhörung*

„Seid beharrlich im Gebet" (Römer 12,12). *„Betet allezeit mit Bitten und Flehen im Geist und wacht dazu mit aller Beharrlichkeit im Gebet für alle Heiligen"* (Epheser 6,18). Zum ernsthaften Gebet, welches Gebetserhörung und Antwort von Gott empfangen will, gehört die Beharrlichkeit im Gebet. Im vertrauten Umgang mit Gott und im ernsthaften Gebet geschieht etwas, wodurch Gott uns auf die Erhörungen vorbereitet. Oft muss Gott unsere Einstellung dem Gebetsgegenstand gegenüber heiligen, damit er uns erhören kann und uns die Erhörung zum Segen und nicht zum Fluch wird. Da betet z.B. jemand für einen Partner. Er will ihn jetzt und gleich. Doch er erkennt nicht, dass manche seiner Haltungen dem anderen Geschlecht oder einer Beziehung gegenüber nicht so sind, dass Gott die Beziehung und Ehe segnen könnte. Würde Gott ihm jetzt einen Partner geben, dann würde ihm das vielleicht zum Verhängnis werden. Manche beten um Erweckung, aber haben sich nie vom Herrn zeigen lassen, was Erweckung eigentlich ist. Sie beten, weil es so Mode ist. Dabei will Gott uns betend auf Erweckung vorbereiten. Beharrliches Gebet ist die Zeit, wo Gott uns durchleuchtet, tiefer führt und an uns arbeitet. Hier kommen wahre Motivationen und Absichten ans Licht. Hier wird vergangenes Handeln aufgedeckt und Buße notwendig. Hier werden Prioritäten gesetzt, Gedanken verdichten sich zu Überzeugungen, Wahrheiten werden neu bewusst und zu konsequenten Entschlüssen gebracht. So bereitet Gott uns auf die Gebetserhörungen vor. Wenn Gott uns einen Wunsch aufs Herz gelegt hat, dann will er uns auch erhören.

> *Wenn wir beharrlich beten, dann bereitet Gott uns im Gebet auf die Erhörung der Gebete vor, damit wir mit ihnen angemessen umgehen.*

Prinzip: Wenn wir beharrlich beten, dann bereitet Gott uns im Gebet auf die Erhörung der Gebete vor, damit wir mit ihnen angemessen umgehen. Brechen wir das beharrliche Gebet ab, dann nehmen wir Gott die Möglichkeit, sein Werk in uns zu Ende zu führen und die Gebetserhörung wird ausbleiben. Dass beharrliches Beten uns verändert, können wir ganz anschaulich an Petrus studieren. Jesus gab dem Petrus Aufgaben in seinem Reich: *„Weide meine Lämmer"* (Johannes 21,15). „Toll, Kinderarbeit machen, das mache ich gerne für Jesus." Jesus erweitert seine Aufgaben: *„Weide meine Schafe."* „Super, Jesus vertraut mir sogar die Gemeinde an." Aber die Frage ist doch: „Hat Petrus überhaupt die richtige Überzeugung und Einstellung für einen geistlichen Dienst? Liebt Petrus den Herrn Jesus wirklich? Das heißt, stellt er Jesus über alles? Ist er bereit, konsequent aus Überzeugung in allen Situationen und unter allen Umständen Gott zu ehren?" Jesus kannte Petrus. Jesus kannte die großen Sprüche und Versprechen und seine Tränen. Aber hatte Petrus seine Einstellung wirklich geändert? Jesus will entschiedene und entschlossene Diener in seinem Reich und nicht solche, die viel versprechen und nichts halten, wenn es darauf ankommt. Jesus sagte dem Petrus darauf, dass er ebenfalls gekreuzigt werden würde. *„Das sagte er aber, um anzuzeigen, mit welchem Tod er Gott preisen würden"* (Johannes 21,19). „Wie bitte? Gott die Ehre geben durch meinen Tod?" Damit hatte Petrus nicht gerechnet. Vermutlich zog sich alles in ihm zusammen. Misstrauensalarm, der bei Jesus Böswilligkeit interpretiert! Petrus drehte sich unwillig um, sah Johannes und sagte: *„Herr, was wird aber mit diesem? Das konnte ja wohl nicht angehen, dass er leiden soll, während es anderen gut geht?*

> *Der Heilige Geist wird nicht Unentschlossenen, Unwilligen und Misstrauischen gegeben, sondern Menschen, die im beharrlichen Gebet zu einer Einstellung Gott gegenüber kommen, die Gott mit dem Heiligen Geist segnen kann.*

Jesus spricht zu ihm: ... was geht es dich an? Folge du mir nach!" (Johannes 21,21-22). Jesus weigerte sich, mit Petrus über andere zu sprechen. Das war nicht der Moment, um mit Jesus über andere zu sprechen. Irgendwann kommt der Tag, an dem Jesus von uns erwartet, ganze Sache zu machen und aufzuhören, uns immer mit anderen zu vergleichen. Hier wird die Frage laut: Vertraue ich Gott wirklich oder misstraue ich ihm? Obwohl das gewaltigste Wunder persönlich vor Petrus stand, der Auferstandene (!), der den Tod besiegt hat (!), war es dem Petrus wieder aus dem Bewusstsein entwichen. Er sah vor lauter Bäumen den Wald nicht. Er sah vor lauter Liebe für Jesus und Gedanken an seinen Dienst das Wesentliche nicht mehr: Gottes Ehre in Ewigkeit und konsequente und entschlossene Hingabe an Gott! Es drehte sich wieder alles um ihn, um sein Leben, natürlich auch mit dem Dienst, natürlich auch mit Liebesversprechen. Doch nun ging es ans Eingemachte: „Glaube ich wirklich an das ewige Leben? Glaube ich wirklich daran, dass die Nachfolge Jesu mich direkt in Gottes ewige Welt bringt? Will ich das überhaupt? Bin ich bereit, alles auf Jesus und das Reich Gottes zu setzen und einzusetzen? Will ich Gott unter allen Umständen mit meinem Leben und Sterben preisen? Will ich nur meine Fischgräten weitergeben oder, wenn es darauf ankommt, auch meine eigenen? Es ist niemand in der Lage, einen geistlichen Dienst zu tun, wenn diese Fragen nicht bewusst und konsequent geklärt sind. Diese Fragen müssen wir Gott beantworten. Unentschlossen können wir nicht ans Werk gehen und erwarten, dass Gott uns dabei segnet. Jesus sprach sicher auch mit den anderen Jüngern über die gleiche Sache. Solange sie diese Fragen, die sie bewegten, nicht geklärt hatten, waren sie unglaubwürdig für die Verlorenen und damit untauglich und unfähig für den Dienst. Sie hatten zwar den Missionsbefehl, aber das strikte Verbot damit zu beginnen, bevor sie nicht den Heiligen Geist empfangen hatten – und eines wird in diesen Begebenheiten deutlich: Der Heilige Geist wird nicht Unentschlossenen, Unwilligen und Misstrauischen gegeben, sondern Menschen, die im beharrlichen Gebet zu einer Einstellung Gott gegenüber kommen, die Gott mit dem Heiligen Geist segnen kann. Jesus hatte ihnen gesagt, wie es für die weitergeht, die den Heiligen Geist empfangen: Weltmission! Aber erst mal Aktivitätsverbot! Gott kann keine unentschlossenen und unwilligen Menschen segnen und in seinem Reich einsetzen. Manche meinen, dass sie sicher dem Herrn voll und ganz dienen wollen, wenn sie den Heiligen Geist empfangen haben. Sie warten darauf, dass der Heilige Geist ihre Einstellung verändert. Aber wir sehen hier deutlich, dass Jesus von den Jüngern erwartete, ihre Einstellung zu ändern, damit sie den Heiligen Geist empfangen konnten. Drei Jahre zusammen mit dem gegenwärtigen Jesus waren nicht genug, um Gott zu dienen, es musste Hingabe an den Geist des Herrn sein, der im Leben der Nachfolger gegenwärtig sein will. Dem Auferstandenen persönlich zu begegnen war auch nicht genug, um die Botschaft weiter zu geben, sondern eine persönliche vertraute Beziehung zu dem im Geist gegenwärtigen Herrn Jesus Christus muss das Christenleben prägen. Die Frage war, ob sie den Heiligen Geist empfangen wollten. Die Erlösung war vollkommen vollbracht, aber wollten die Jünger auch, dass die Erlösung vollkommen in ihnen installiert und verwirklicht wird? Jesus war für unsere Sünden gestorben und die Verlorenen können bußfertig wieder zu Gott kommen, aber wollten die Jünger dieses Evangelium verkündigen? Koste es, was es wolle? Es geht in der Botschaft vom Reich Gottes um das Ende der Welt in Feuer und Untergang, aber auch um die neue Welt, in der Gerechtigkeit wohnt. Wollte Petrus alles darauf setzen und diese neue Welt in heiligem Wandel und frommem Wesen erstreben, wie er es nachher tat? (2Petrus 3) Noch nicht. Noch war er nicht in der Lage, die Petrusbriefe zu schreiben, dazu war keine Vollmacht da. Zuerst musste Petrus sein Testament machen, damit das Neue Testament mit den geisterfüllten Briefen des Petrus zustande kommt, und zwar zur Rettung von millionen und abermillionen Menschen! Petrus hatte zuerst nur seinen Tod vor Augen, Gott aber das ewige Leben von Millionen! Worauf siehst du, wenn Jesus dich zur Nachfolge auffordert? Doch von all dem, was Gott an Segen auch durch

ihn wirken würde, ahnte Petrus noch nichts. Petrus war unwillig. Er offenbarte seine wahre Haltung. Viel hatte sich seit der Verleugnung an seinem Charakter und seiner Einstellung nicht geändert. Heiße Tränen und Liebesversprechen, aber keine neue Herzenshaltung Jesus Christus und der Ewigkeit gegenüber. Das musste sich ändern, wenn Petrus den Heiligen Geist empfangen wollte. Hier halfen alle Illusionen und Vertröstungen nichts. Hier musste Petrus eine Entscheidung treffen. Irgendwann kommen wir an den Punkt, wo wir aufhören müssen, immer auf andere zu sehen und uns an dem orientieren, was andere tun. Es kommt der Zeitpunkt, wo uns der auferstandene Jesus Christus unmissverständlich klar macht, dass die anderen keine Orientierung für uns sein dürfen, sondern dass wir alleine auf ihn sehen müssen, um ihm nachzufolgen. Dann wird uns klar sein, was Gott von uns erwartet und es ist nicht gesagt, dass es uns vordergründlich Spaß machen wird. Bin ich bereit, Gottes Willen zu tun? Ist Christus mein Leben und Sterben mein Gewinn? (Philipper 1,21) Das ist die Frage, die uns mit Petrus ins Gebet treibt: „Will ich Jesus mit allen Konsequenzen nachfolgen? Koste es, was es wolle? Soll mir heute schon die Welt gekreuzigt sein und ich der Welt und will ich alles auf den Ewigen und auf die Ewigkeit setzen, um ein Segen für andere zu sein?“
Die Jünger beteten nach diesen Gesprächen zehn Tage um die Ausgießung des Heiligen Geistes. Ich habe mich oft gefragt, warum zehn Tage? Warum kam Gottes Geist nicht früher? Heute kann ich es mir denken. Ein wesentlicher Grund ist sicher der, dass die Jünger neun Tage lang noch nicht die innere Einstellung hatten, die Gott der Vater mit dem Heiligen Geist segnen konnte. Gott war sicher bereit, den Heiligen Geist schon nach einem Tag auszugießen, wenn die Jünger sich schon nach einem Tag zu der richtigen Einstellung Gott und seinem Heiligen Geist gegenüber durchgerungen hätten. Doch die Jünger mussten erkennen, dass Gott keinem Gleichgültigen, Lauen, Halbherzigen, Oberflächlichen, Unkonsequenten, Misstrauischen, Scheinheiligen oder Zweifelnden den Heiligen Geist gibt. Diese Zeit des

Gebets war auch die Zeit, sich ehrliche Fragen zu stellen, die Kosten zu überschlagen, Gespräche zu führen. Ich kann mir vorstellen, dass Petrus in diesen Tagen z.B. mit seiner Frau gesprochen hat. „Frau, Jesus sagte mir, dass ich sicher gekreuzigt werde, um Gott die Ehre zu geben. Was sollen wir machen?“ Hat die Frau sein Misstrauen verstärkt? Hat sie ihm Mut gemacht? Vielleicht hat er sich mit Johannes darüber ausgetauscht, weil Johannes das so eindrücklich schildert, wir wissen es nicht. Auf jeden Fall rechnete Petrus, menschlich gesehen, sicher damit, dass er nicht mehr lange leben würde, wenn er durch den Heiligen Geist zum „Zeugen“ werden würde. In der Stadt, wo sie eben noch Jesus gekreuzigt haben, würde er wohl der nächste sein. So etwas musste bedacht und besprochen werden. Diese zehn Tage waren eine Zeit der Neuausrichtung, eine Zeit um in die Wahrheit und Konsequenz der echten Nachfolge zu kommen, eine Zeit, um sich aufrichtig und aus Überzeugung Gott zuzuwenden, um den Heiligen Geist mit allen Konsequenzen zu empfangen. zehn Tage beharrliches Gebet. zehn Tage, um von oberflächlichen Liebeserklärungen und unwilligen Haltungen zu echter Hingabe und ernsthafter Anbetung zu kommen, um Gott wirklich die Ehre zu geben. zehn Tage hat es bei den Jüngern gedauert, bis sie soweit waren, dass sie sich wirklich aus glaubender Überzeugung der Verheißung Jesu hingaben – dem Heiligen Geist, der nur denen gegeben wurde, die Gott gehorsam sein wollten (Apostelgeschichte 5,32)! Wir sehen, wie wichtig es war, dass die Jünger in dieser Sache beharrlich beten, wie wichtig es war, dass sie diese wichtigen Fragen nicht aufschoben. Aus zehn Tagen hätten auch zehn Jahre werden können. Sie hätten auch nach sieben Tagen aufhören können, ohne die Verheißung empfangen zu haben und sich an den Gemeindebau zu machen oder an die Weltmission. Was hätte es gebracht? Petrus hätte die Lämmer und die Schafe hüten können. Hätte Gott sie gesegnet? Sie hätten nach ihren Mitteln und Möglichkeiten handeln können. Aber hätten sie mit Gott rechnen können? Sie wären wieder vor 5000 hungrigen Mäulern gestanden und hätten ihre paar Mark zusammen gezählt und gemerkt, dass ihnen das alles eine Nummer zu groß ist und was hätten sie dann gemacht? In den zehn Tagen beharrlichen Betens veränderte sich etwas in den Jüngern, dass es Gott ermöglichte, in Kürze die Gemeinde auf 5000 Menschen wachsen zu lassen, die am Brot des Lebens satt wurden! Petrus hat in den zehn Tagen mit seiner Selbstverwirklichung abgeschlossen und sich dazu entschlossen, dass er Christus verwirklichen will, in seinem ganzen Wandel. Er war bereit, sich Gott voll und ganz hinzugeben. Er hatte seine Entscheidung im Gebet getroffen. Er war entschlossen und konsequent und so konnte Gott sein aufrichtiges Beten erhören. Diese veränderte Herzenshaltung konnte Gott so segnen, dass er den Heiligen Geist ausgoss. Petrus war es dann auch, der aus voller Überzeugung und voll des Geistes auf den Straßen Jerusalems das Evangelium verkündigte. Er nahm kein Blatt vor den Mund. Er sagte den Menschen geistesgegenwärtig, todesmutig, vollmächtig und ohne Menschenfurcht deren Schuld auf den Kopf zu. Und seht, wie Gott sich zu dieser gewaltigen Predigt stellte. Der Heilige Geist floss und 3000 Personen kamen an diesem Tag zum Herrn, Geistestaufen und Wassertaufen ohne Ende und ohne Show und Künstlichkeit, aber schlicht und ergreifend! Kurze Zeit später waren es 5000! Es wird uns nicht überliefert, dass Petrus damit gerechnet hätte. Es kann gut sein, dass er meinte, dass er der erste ist, der draufgeht, wenn er den Mund zum Zeugnis aufmacht, und jetzt das? Zu seinem Erstaunen lebte Petrus noch eine gute Weile im fließenden Segen des Herrn und in der Kraft Gottes. Betend und geistesgegenwärtig verkündigte Petrus noch Jahre lang das Evangelium mit Zeichen und Wundern, mit denen Gott sein Evangelium begleitete! Womit

> *Geistesgegenwärtig und betend verkündigte Petrus noch Jahre lang das Evangelium mit Zeichen und Wundern, mit denen Gott sein Evangelium begleitete! Mit welchen „Zisternen“ wollen wir diese verheißenen Ströme des Segens ersetzen?*

wollen wir diese verheißenen Wirkungen Gottes in unserer Gemeinde und Evangelisation ersetzen? Mit welcher „Aktivität und Gottesdienstform“ wollen wir das ersetzen, was da im Gebet gereift war? Ich bin von einer Sache überzeugt. Wer sich Gott 99% hingibt, der wird ihn 1% erleben. Wer sich Gott 100% hingibt, der wird Gott 100% erleben. Wer Gott 99% vertraut, der wird diesen einen Prozent immer so erleben, dass Gott ihn herausfordert sich ihm zu 100% hinzugeben. Lieber Leser, willst du nicht auch ein 100%iger Christ sein? Soll nicht das scheinheilige Leben ein Ende haben? Soll nicht der kraftlose Dienst an den Lämmern und Schafen ein Ende haben? Es sind viele Leben in einem gewaltigen Alptraum und müssen daraus erweckt werden! Jesus sagte: *„Darum an ihren Früchten sollt ihr sie erkennen. Es werden nicht alle, die zu mir sagen: Herr, Herr! in das Himmelreich kommen, sondern die den Willen tun meines Vaters im Himmel. Es werden viele zu mir sagen an jenem Tage: Herr, Herr, haben wir nicht in deinem Namen geweissagt? Haben wir nicht in deinem Namen böse Geister ausgetrieben? Haben wir nicht in deinem Namen viele Wunder getan? Dann werde ich ihnen bekennen: Ich habe euch nie gekannt; weicht von mir ihr Übeltäter!“* (Mt 7,20-23) Haben wir nicht viele Veranstaltungen organisiert? Haben wir nicht...? Haben wir nicht...? Haben wir nicht...? Immer was wir gemacht haben. Stolz, Selbstverwirklichung, ich, ich, ich. Wenn wir davon erst aufwachen, wenn wir von den Toten zum Gericht aufgeweckt werden, dann ist es zu spät. Lass dich heute erwecken! Hat Gott die Möglichkeit, sich in dir und durch dich zu verwirklichen? Im heiligen Wesen, Früchten des Geistes, Wort und Tat? Wir haben ein gewaltiges Problem, wenn wir nicht in die vertraute Beziehung mit Gott kommen wollen. Denn das ist das Problem: *„Ich*

> *Von Gott zu Menschen reden ist wunderbar. Mit Menschen über Gott reden ebenfalls. Aber das wundervollste Vorrecht ist es doch gemeinsam mit Gott persönlich reden zu können!*

habe euch nie gekannt; weicht von mir, ihr Übeltäter.“ Das hätte sich Petrus am Ende seines Erdenlebens auch anhören müssen, wenn er sich nicht betend zu einer angemessenen Haltung dem Auferstandenen gegenüber durchgerungen hätte und den Heiligen Geist empfangen hätte. Was wäre passiert, wenn Petrus sich seine Gedanken gemacht hätte und einfach mal mit dem Dienst an den Lämmern und Schafen begonnen hätte? Was wäre passiert, wenn Petrus diese Entscheidung aufgeschoben hätte, um mal abzuwarten? Er hätte sich vielleicht wirklich abgemüht, man hätte ihn sicher sogar ernst genommen, er hätte sicher den einen oder anderen für seine Sache gewinnen können, aber war es das, was Gott will? Oder hatte Gott nicht etwas weitaus größeres mit ihm vor? Wollte sich Gott nicht an Petrus und durch ihn in einer ungeahnten Fülle als mächtig erweisen? Und will Gott das nicht auch durch dich? Doch wie viele rennen heute herum und tun alles, was sie können, nur nicht, was sie sollen. Sie tun alles was, in ihrer Kraft steht, aber nichts aus Gottes Kraft. Die „christlichen Veranstaltungen“ sind voll solcher Menschen, die meinen, dass sie Christen sind und in einer gewaltigen Täuschung leben. Wie viele Leute haben Spaß an einem Lobpreisgottesdienst, aber wenn sie zu Gebetsstunden eingeladen werden, sind sie unwillig. Sie können singen und dabei gut drauf sein, aber wenn sie ernsthaft beten sollen, kommt nichts raus, da stimmt doch was nicht. Wie lange wollen wir weiterhin solche Illusionen fördern? Gefühle puschen ja, aber kein echtes Gebetsleben, keine Heiligung, keine Hingabe im Dienst und Konsequenz im Alttag. Das ist moderne Religiosität. Wer ist bereit, Jesus nachzufolgen? Aus diesen Entscheidungen während der zehn Tage im Gebet kommt ein Leben hervor, das Gott die Ehre gibt. Petrus wollte auf jeden Fall nie mehr das Beten vernachlässigen. Wo die Arbeit in der Gemeinde im Segen Gottes immer mehr wurde, machte er das klipp und klar deutlich: *„Wir aber werden anhalten am Gebet und am Dienst des Wortes“* (Apostelgeschichte 6,4). Auf der anderen Seite sehe ich die Schwierigkeit, dass vielerorts das Gebetsleben der Gläubigen nicht so ist, dass man die Gebetsversammlungen gerne besucht. Wenn das Gebetsleben der Gemeinde nicht im Lot ist, dann ist es kein Wunder, wenn die ganze Gemeinde schief gebaut wird. Niemand würde z.B. lehren, dass das Beten nur für die „Älteren“ ist und die Aktivitäten für die „Jüngeren“. Aber die Praxis in den Gemeinden erzieht die Kinder schon damit, dass sie von klein auf „wissen“: Beten ist was für die Alten, weil sie nur diese beten sehen. Hier ist Erweckung notwendig! Wir müssen als ganze Gemeinde dem Gebetsgeist Raum geben. Nicht dass wir uns falsch verstehen, ich habe überhaupt nichts dagegen, dass die älteren Geschwister beten, im Gegenteil habe ich gesegnete Stunden in Gebetsgemeinschaften mit älteren Geschwistern erlebt. Aber Gebetsversammlungen müssten das Attraktivste im Gemeindeleben sein. Von Gott zu Menschen reden ist wunderbar. Mit Menschen über Gott reden ebenfalls. Aber das wundervollste Vorrecht ist es doch, gemeinsam mit Gott persönlich reden zu können! Wenn Gebetsstunden sich zu Seniorentreffs reduzieren oder gar zu Routineveranstaltungen verkommen, dann haben sie Erweckung bittend nötig! Folgende wahre Geschichte soll uns wachrütteln! Der Erweckungsprediger Charles G. Finney berichtete eine interessante Anekdote aus der Zeit, als er noch kein Christ war. *„Eines Tages, als ich wieder einmal einer Gebetsversammlung beiwohnte, wurde ich gefragt, ob ich nicht wünsche, dass persönlich für mich gebetet werde. Ich lehnte jedoch das Angebot mit aller Entschiedenheit ab, indem ich rundweg erklärte, dass ich mir wenig Nutzen von der Fürbitte solcher Leute versprechen könne, deren Gebete Gott allen Anschein nach niemals erhöre. ‚Wohl weiß ich, dass ich die Fürbitte dringend nötig hätte‘, sagte ich, ‚denn ich fühle die Last meiner Sünden; aber was soll mir eure Fürbitte helfen? Ihr betet ja beständig und erhaltet nie etwas! Seit ich hier bin, betet ihr um eine Erweckung und noch ist nicht die Spur davon zu sehen. So anhaltend ihr auch um die Gabe des Heiligen Geistes gefleht habt, seht ihr euch immer wieder zu dem Bekenntnis genötigt, dass ihr sie nicht empfangen habt. Ihr habt so viele Bitten zu Gott empor gesandt, seit ich diesen Versamm-*

lungen beiwohne, dass ihr den Teufel längst aus Adams (Stadt) hättet vertreiben müssen, wenn eure Gebete irgendwelche Kraft hätten. Aber ihr betet und betet und bleibt doch immer auf dem selben gleichen Fleck.'" Das ist sehr demütigend, solche Worte aus dem Mund eines Unbekehrten zu hören. Doch Charles G. Finney lies sich nicht davon abbringen, weiter nach Gott zu suchen, und als er ihm sein Leben voll und ganz gegeben hatte, konnte Gott ihn für unzählige Erweckungen tüchtig machen.

Das beharrliche Gebet ist auch in anderen Zusammenhängen wichtig.

Hindernisse in der geistlichen Welt: Daniel z.B. musste 21 Tage um Antwort beten, weil der ausgesandte Engel von dämonischen Mächten aufgehalten wurde.

Innere Unruhe bewältigen: Jesus musste im Garten Gethsemane dreimal beharrlich beten, weil ihm die bevorstehenden Dinge sehr beunruhigten und auch die Jünger die Anfechtung verstärkten.

Weil Gott andere Pläne hat, die er uns offenbaren will: Paulus betete beharrlich dreimal, weil er noch keine befriedigende Antwort auf sein Problem bekommen hatte. Als er bereit war zu verstehen, warum er nicht geheilt wird, konnte es Gott ihm offenbaren.

Um die eigene Einstellung Gott gegenüber zu ändern: Die Jünger beteten zehn Tage, weil sie ihre Einstellung dem Heiligen Geist gegenüber in Ordnung bringen mussten.

Wir sehen, wie wichtig es ist, beharrlich zu beten und wie fatal es wäre, nicht beharrlich zu beten. Wie viel Segen geht verloren, weil wir nicht ernsthaft und beharrlich beten!

14. Prinzip: *Gott gibt den Heiligen Geist gerne*

„Wenn nun ihr, die ihr böse sein, dennoch euren Kindern gute Gaben geben könnt, wie viel mehr wird der Vater im Himmel den Heiligen Geist geben denen, die ihn bitten!" (Lukas 11,13)

> *Seht, wie sehr Jesus am Kreuz leidet! So sehr wünscht er sich, dass du ein entschiedener und entschlossener Christ wirst und in der Fülle des Gebetsgeistes lebst.*

Gott will den Heiligen Geist gerne geben, wenn wir ihn mit einer angemessenen Einstellung darum bitten. Jesus starb am Kreuz für uns, damit wir Vergebung der Sünden und den Heiligen Geist empfangen können. Seht, wie sehr Jesus da am Kreuz leidet! So sehr wünscht er sich, dass du ein entschiedener und entschlossener Christ wirst und in der Fülle des Gebetsgeistes lebst. Doch wenn Gott den Heiligen Geist so gerne gibt, dann müssen wir uns schon fragen, warum ihn so wenige haben?

Unwissenheit: Viele kennen Gottes Wort nicht und wollen es nicht kennen lernen (Epheser 4,18).

Unglaube: Viele wollen nicht glauben, dass Gott den Heiligen Geist, den Geist des Gebets heute geben will, und zwar überzeugend(!) (Römer 8,16; Hebräer 3). Viele glauben erst recht nicht, dass es einen Ort der ewigen Strafe gibt, in dem sie auf jeden Fall die Ewigkeit verbringen werden, wenn sie nicht den Heiligen Geist empfangen. Viele glauben selbstgenügsam auch nicht, dass sie unfähig zum Dienst für Gott sind, wenn sie nicht den Heiligen Geist empfangen haben.

Selbstgerechtigkeit: Viele sehen nicht ein, dass sie durch und durch in Sünde verdorben sind. Manche haben eine gewisse

Schuldeinsicht, aber der größte Heide entschuldigt sich bei seinem Freund, wenn er ihm auf den Schuh getreten ist. Wir sollen nicht einzelne Taten als Sünde anerkennen, sondern Gott erwartet von uns, dass wir unser durch und durch sündhaftes und gottloses Wesen erkennen und der Überzeugung Raum geben, dass wir in der Gewalt Satans sind. Nur so können wir uns von der Gewalt Satans zu Gott bekehren, um die Vergebung der Sünden zu empfangen (Apostelgeschichte 26,18). Sünde ist all das, was nicht auf dem Niveau von Gottes Heiligkeit ist und was nicht zur Ehre Gottes getan wird oder was den Segen Gottes hindert. Hier sind auch alle unsere Gedanken, Motive und Absichten gemeint. Doch viele wollen selbstgerecht nicht Sünde nennen, was Gott Sünde nennt. Der Geist, den Gott verheißen hat, ist der Heilige Geist. Viele machen sich das nicht bewusst, wenn sie um den Heiligen Geist bitten. Sie wollen so bleiben, wie sie sind, und sich nicht heiligen lassen. Sie wollen sich nicht willentlich und entschlossen von der Sünde abwenden, sich reinigen und salben lassen.

Scheinheilig: Viele sind Thermometerchristen, die nur die geistliche Temperatur ihrer Umgebung erkennen lassen, aber eine vertraute Beziehung zu Gott in Heiligung und ein angemessenes Gebetsleben vermissen lassen. Viele Religiöse plappern beim Beten wie die heuchelnden Heiden und sind Heiden, anstatt dass sie ein echtes aufrichtiges Gebetsleben im Geist und in der Wahrheit anstreben (Matthäus 6,5; Johannes 4,23).

Weltlich: Viele Menschen sind weltlich gesinnt und lieben ihr Leben in der Welt mehr als den Gehorsam an den Herrn Jesus (Jakobus 4,3ff; 1Johannes 2,15). Ihre moralischen Maßstäbe für ihre Lebensbereiche sind aus der zum Tode verurteilten Welt und nicht an Gott orientiert. Deshalb bleiben sie auch in ihrer Weltlichkeit auf das verdammte Diesseits reduziert, ohne wirklich ein erlöster Teil des Reiches Gottes zu werden.

Stolz: Vielen ist die Ehre von Menschen wichtiger als die Ehre von Gott. Die Meinung der Menschen bedeutet ihnen mehr, als was Gott von ihnen hält. So bleiben sie distanziert von Gott. Deshalb widersteht Gott ihnen (Jakobus 4,6).
Leichtfertigkeit: Viele Menschen sind sehr leichtfertig, d.h. sie sind mit den geistlichen Dingen leicht fertig. Haben sie eine Predigt gehört, dann sind sie leicht fertig damit und wenden sich anderen Dingen zu, so als ob das Geistliche etwas Nebensächliches sei, anstatt sich konsequent die Zeit zu nehmen, ihr ganzes Leben zu überdenken und im Licht der Schrift zu prüfen. Sie sind auch in ihren Gebeten leicht fertig. Bei der Gebetsstunde der Jünger wären sie leicht fertig mit dem Beten und empfangen deshalb auch nicht den Heiligen Geist.

Leichtsinnigkeit: Viele denken absolut unkonsequent über geistliche Dinge. Da sagt jemand: „Ich weiß genau, was Gottes Wille in dieser Sache ist, aber ich werde es jetzt trotzdem so machen, wie ich will, aber nur dieses eine mal, dann nicht mehr." Stell dir mal vor, Eva hätte einige Freundinnen im Paradies gehabt und sie hätte gesagt: „Ich weiß, dass ich nicht von der Frucht essen darf, aber ich werde es einmal tun und dann nie wieder, denn einmal ist keinmal." Was würden die Freundinnen ihr sagen? Was würden wir ihr zurufen? Stellt euch vor, alle Generationen der Weltgeschichte könnten ihr etwas zurufen. Wie würde das klingen! Von all den Geplagten und Gequälten? Von all den Vergewaltigten und Geplunderten? Von all den Ermordeten in den Kriegen, von den in den KZ's Vergasten und Atomverseuchten? Es würde durch Raum und Zeit aus Milliarden und aber Milliarden Kehlen hallen: „Lass es bleiben!" Doch viele haben solch eine leichtsinnige Einstellung wie Eva. Sie haben Gott gegenüber und der Sünde gegenüber keine Entscheidung getroffen, die Gott segnen könnte. Sie sind Rebellen gegen Gottes Willen und damit die besten Schergen des Teufels. Hier eine Notlüge, dort ein Stausee. Gerade dieser eigenwillige Leichtsinn ist das Ergebnis Satans, nachdem er Zweifel und Ungehorsam gesät hat. Gott erwartet eine klare entschlossene Haltung gegen die Sünde von denen, die wiedergeborene Christen sein wollen. Christ wird nur, wer 100% davon überzeugt ist, dass es das Beste ist, was einem passieren kann, wenn man Gott gehorsam ist.

Unkonsequent: Viele wollen den Heiligen Geist, aber sie wollen sich weder bei anderen für die Schuld entschuldigen noch wollen sie für den Schaden ihrer Sünde aufkommen. Sie meinen, dass die Bekehrung sie in die Sicherheit des Himmels bringt, aber sie wollen nicht wahrhaben, dass Gott ernst macht und zum konsequenten Handeln auffordert. Jesus machte klar, dass uns nur vergeben wird, wenn wir anderen auch vergeben. Wenn uns klar wird, dass jemand etwas gegen uns haben könnte, sollen wir zu ihm gehen und das in Ordnung bringen. Das bedeutet versöhnen, Diebesgut zurückgeben, Schaden erstatten usw. Wer das nicht tun will, der ist unaufrichtig und braucht nicht zu denken, dass Gott ihn annehmen könnte.
Unsere Schuld Gott und den Menschen gegenüber bemisst sich nicht nur an dem, was wir Schlechtes tun, sondern auch daran, was wir an Gutem unterlassen, wenn es darum geht, Gottes Willen und das Gute zu tun.

Selbstsüchtig: Viele wollen für sich gerettet werden, damit sie auf der sicheren Seite sind. Doch sie wollen sich weiterhin selbst verwirklichen. Gemeinde brauchen sie nicht. Doch Selbstverwirklichung ist das genaue Gegenteil davon, dass sich der auferstandene Christus in uns und durch uns verwirklichen kann. Ohne Selbstverleugnung kann keiner Christ sein (Lukas 9,23).
Pflicht oder Vorrecht: Ein Mensch, der zu der Einstellung gekommen ist, die Gott segnen kann, der hat die Überzeugung, dass ihm nichts Besseres passieren kann als Gottes Willen in allen Lebenssituationen zu verwirklichen. Solch ein Mensch sieht die Beziehung zu Gott und den Gehorsam an ihn als ein Vorrecht an. Wer an irgendeinem Punkt Gott misstraut und Gehorsam als

eine drückende Pflicht ansieht, der beweist seine wahre falsche Einstellung Gott gegenüber: Es ist misstrauische Rebellion.

Pflicht vernachlässigen: Viele bekommen den Heiligen Geist nicht, weil sie ganz falsche Erwartungen an ihn haben. Sie meinen, dass der Heilige Geist ihre Substanz verändern wird oder dass der Heilige Geist übernatürlich und automatisch unsere Einstellung ändert. Bis dahin können sie ruhig so weiterleben und sündigen wie bisher, meinen sie. Doch wenn dem so wäre, dass der Geistempfang unsere Substanz heilig machen würde und uns automatisch kraftvoll verändern würde, dann würde Gott nicht so sehr auffordern zu wachen und zu beten, damit wir nicht in Sünde fallen. Dann würde Gott nicht davor warnen, vom Glauben abzufallen. Es ist Rebellion, etwas von Gott zu erwarten, was er von uns erwartet, und er sagt: Wachet und betet. Gott erwartet von uns, dass wir unsere Einstellung ändern und zwar einsichtig, freiwillig und aus Überzeugung. Doch hier können wir sehen, dass wir unwillig, widerwillig und böswillig sind, wenn es darum geht, Gottes Willen zu tun. Diese Willenshaltung müssen wir grundsätzlich ändern, wenn wir den Heiligen Geist und Erweckung empfangen wollen.

Es ist Rebellion, etwas von Gott zu erwarten, was er von uns erwartet, und er sagt: Wachet und betet, damit ihr in Anfechtung nicht fallt.

Gott ist bereit, den Heiligen Geist zu geben: Gott ist jetzt bereit, dem aufrichtigen und bußfertigen Sünder zu vergeben und ihn anzunehmen. Gott ist ebenfalls bereit, uns als Gemeinde zu erwecken, wenn wir mit Lauheit und faulen Ausreden brechen und aufrichtig zu ihm beten.

15. Prinzip: *Erwecktes Gebetsleben beginnt gemeinsam*

Als Jesus zurück zum Vater ging, hinterließ er der Welt keine Aktivisten, sondern herausgeforderte Menschen, die von Gott das erbeten und erwarten wollten, was Gott verheißen hatte. Jesus hinterließ der Welt keine kirchliche Organisation, auch wenn Gemeinde organisiert werden muss, sondern Jesus hinterließ der Welt schlicht und ergreifend eine Gebetsversammlung mit ernsthaften und beharrlichen Betern. Die Jünger gingen nicht mit der Herausforderung und Verheißung Jesu nach Hause, um jeder für sich alleine zu überlegen, wie es weitergehen soll, sondern sie blieben zusammen im Gebet. Gerade im Fall des Petrus wird es deutlich, dass die Herausforderung an jeden persönlich ging, aber zu denken geben sollte uns die Tatsache, dass der Heilige Geist nachher auf die gemeinsamen Beter ausgegossen wurde und nicht auf jeden individuell in „seiner eigenen“ Situation.

> *das Gottesbewusstsein der betenden Gemeinde überwog das Problembewusstsein und so konnte Gott sich eins ums andere verherrlichen*

Auch als die Ereignisse sich überschlugen und Tausende zum Glauben kamen, wussten die Jünger, was sie auf keinen Fall schleifen lassen durften, wenn es so weitergehen sollte: Sie hielten unter anderem eisern an der Gemeinschaft und am gemeinsamen Gebet fest (Apostelgeschichte 2,42). Die Jünger wussten warum. Im gemeinsamen Gebet war das Zentrum ihrer Kraft und Wegweisung, denn Gott war im Zentrum. Herausforderungen gab es genug. Diakone mussten eingesetzt und Glaubensgrundkurse durchgeführt werden, Mitarbeiter wurden ausgesandt und Verfolgung wurde Realität. Doch das Gottesbewusstsein der betenden Gemeinde überwog sogar das Problembewusstsein der angedrohten und verwirklichten Verfolgung und so konnte Gott sich eins ums andere verherrlichen.

Heute besuchen nicht mehr viele die Gebetsversammlungen, weil sie anscheinend „langweilig“ sind und man dort nichts erlebt. Vielleicht warst du noch nie auf einer Gebetsversammlung? Ich habe es schon betont: Alleine die Tatsache, dass Menschen zusammenkommen, die Hände falten und ihre Wünsche formulieren, macht noch keine Gebetsversammlung. Die Frage ist, ob die Gläubigen dem Gebetsgeist Raum geben und ernsthaft beten. Eine erweckte Gebetsversammlung wird in keiner Hinsicht langweilig sein. Sie wird sicher schlicht, aber ergreifend sein! Ich habe oft das Vorrecht gehabt, mehrere Stunden im gemeinsamen Gebet mit Geschwistern zu verbringen und keiner sah auf die Uhr. Wenn Gebetsversammlungen nicht erweckte Versammlungen sind, werden sie ihr Ziel verfehlen und das Gegenteil erreichen. Sie werden jedem Gast vermitteln, dass hier „tote Hose ist“, andere aus der Gemeinde abschrecken und fernhalten und diejenigen, die dort sind, eher niederdrücken als auferbauen. Wie viele schlafen auf den Gebetsversammlungen ein oder sind in Gedanken ganz woanders, während sie so tun, als ob sie beten?! Hier ist eine Erweckung nötig.

Weil die Gebetsversammlungen oft nicht das sind, was sie erwarten lassen, nämlich bewusste Versammlungen um den lebendigen und heiligen Gott, deshalb wandern viele in den Gemeinden lieber zu den sog. „Erlebnisgottesdiensten“ ab, weil sie hoffen, Gott dort zu erleben. Das ist doch ein deutlicher Hinweis, dass die Gemeinden das lebendige Gottesbewusstsein verloren haben und hier eine Erweckung dringend notwendig ist. Weil man es in den Gebetsversammlungen versäumt, den Gläubigen die Prinzipien des Gebets beizubringen und sie in ein ernsthaftes Gebetsleben zu führen, deshalb wundert es keinen, dass die Gläubigen auch nicht beten können und Gott nicht erleben. Unerweckte Versammlungen in allen christlichen Kreisen fördern nur die Erlebnisgottesdienste, über die sie oft schimpfen – paradox! Als ob Gebetsversammlungen dazu da sind, um das „Gemeindeniveau“ zu konservieren. Sie sollten Stunden der Suche, Anbetung und

Neuorientierung sein, Stunden von Gottes Wort und Antwort, Stunden des Anspruchs und Zuspruchs, Stunden der klaren Entscheidung und Festigung der Entschlossenheit. Stunden des Aufbruchs und Durchbruchs.

Erlebnisgottesdienste sind voll im Trend. Da wir in einer Erlebnisgesellschaft leben, kann ich es nachvollziehen, wenn sich Gemeinden mit einem ernsten Anliegen Mühe geben, um einen Rahmen zu schaffen, wo Menschen unserer Zeit angesprochen werden. In diesem Sinne veranstalten wir auch „missionarische Bikerpartys", wo die Leute ungezwungene Gemeinschaft erleben, um Gespräche über den Glauben führen zu können, wo wir das Evangelium verkündigen, durch Zeugnisse, verständliche Konzerte, Predigt usw. Ich meine behaupten zu können, dass vieles, was heute als Gottesdienst angepriesen wird, nichts anderes als fleischliche Weltlichkeit, gepaart mit emotionaler Religiosität ist. Statt dass Gottes Wille verwirklicht wird, geht es um religiöse Selbstverwirklichung in Gesang, Zeugnis und Predigt, wenn man überhaupt diese Worte für das gebrauchen darf, was da teilweise praktiziert wird. Ich erinnere mich z.B. an ein Interview mit einem Sänger auf einer größeren Jugendkonferenz, der auf die Frage, warum er christliche Musik macht, antwortete: „Ich habe einen hohen Lebensstandart und will mir am Wochenende was dazuverdienen." Bei der gleichen Konferenz wurde der Gastredner mitten in der Verkündigung unter dem Gelächter der Zuhörer von den Organisatoren mit Nebel aus Nebelmaschinen dazu gebracht, seine Botschaft abzukürzen. Was ich nicht alles auf solchen „Erlebnisgottesdiensten" erlebt habe! Meine blauen Wunder, aber selten das Wirken des Heiligen Geistes! Gesunde, die sie in Rollstühle gesetzt haben, um sie zum Heilen nach vorne zu schieben, Kranke, die sie „im Geist" zusammen geschrieen haben,

Erweckte Gebetsversammlungen sind schlicht und ergreifend im wahrsten Sinne des Wortes.

bis sie „geheilt“ waren. Bei manchen Aktionen habe ich mich gefragt, welche Krankheit denn schlimmer ist, die, welche der „Redner“ hat oder der vermeintlich Kranke? Aber solange die Gemeinden sich nicht wirklich erwecken lassen, werden solche „Erlebnisgottesdienste“ ihren „boom“ erleben und die Leute werden hören, wonach ihnen die Ohren jucken. Ich habe mir das Treiben auf sog. „Erlebnisgottesdienste“ 15 Jahre von allen Seiten genau angesehen, als Gast und als Redner. Ich bezweifle, ob die Menschen Gott auf den meisten Erlebnisgottesdiensten erleben. Auf solchen Veranstaltungen herrscht oft der Zeitgeist und nicht der Heilige Geist. Besonders dort wurde ich diesen Eindruck nicht los, wo man ständig den Heiligen Geist betont. Es geht dort selten darum, den Glauben durch das gepredigte Wort zu wecken, fordern und zu fördern. Es zielt nicht darauf hin ab, Gottes Geist im Wort so zu erfahren, um Gott entschieden antworten zu können. Leider geht es meistens darum, die Seele durch die fünf Sinnesorgane zu fluten, um emotionale Stimmungsveränderungen im Menschen zu erreichen, die man dann fälschlicherweise für die Gegenwart des Geistes interpretieren kann. Alles wird mit Klangwellen untermauert, um die Seele zu stimulieren, ergreifende Bilder werden geliefert, Musik führt manche sogar in Ekstase, sanfte Stimmen verkündigen von vorne vieles, aber selten das klare Evangelium. Die Veranstaltungen sind oft so etwas von „emotional geladen“, aber wenn sie vorbei sind, verpufft alles mit dem Stimmungsumschwung. Die Musik ist aus, die Ernüchterung kehrt ein, langsam fällt man aus den rosaroten Gefühlswolken zurück in seinen realen Teufelskreis. So hangelt man sich auf den nächsten Erlebnisgottesdienst, um wieder emotional aufzutanken, aber Gott erlebt man so nicht.

Wie „ernüchternd“ ist dagegen eine ernsthafte Gebetsversammlung, die es sich leisten kann, auf Show und Künstlichkeit zu verzichten. Erweckte Gebetsversammlungen sind schlicht und ergreifend im wahrsten Sinne des Wortes. Das Leben eines hingegebenen Beters wird ein „vernünftiger Erlebnisgottesdienst" sein, wie Paulus es beschreibt, wo Änderungen durch Erneuerung der Gedanken und durch Hingabe aus entschiedener Überzeugung geschieht (Römer 12,1ff). Manch einer wird auf dem Weg zu einem „Erlebnisgottesdienst" vielleicht Mitleid mit dem „langweiligen Bruder von der langweiligen Gemeinde" von nebenan haben und denken: „Der Arme kommt immer mit einer Gräte aus seiner Gebetsversammlung, während wir jedesmal richtig Spaß haben. Was will ich denn mit einer Gräte? Unsere Propheten haben es uns verheißen, dass Gott Pottwale vom Himmel werfen wird!" Herr, erwecke die Gemeinden von ihren Träumen und Illusionen!

Es ist an der Zeit, dass die Gemeinden ihre Zisternen beiseite legen und sich ihrem Gott mit ernsthaftem Gebet zuwenden. Über alles gab es Konferenzen und Seminare. Wir haben jahrelang alles gemacht, nur nicht den gläubig Gewordenen das Beten beigebracht. Heute wundern wir uns, dass die Burnout-Seminare überlaufen sind und in fast jeder Stadt gespaltene Gemeinden sind, meistens da, wo über Jahre Erweckung verheißen wurde. Wo gibt es ein Seminar über Gebetsprinzipien? Wo gibt es Gebetsschulen? Wo gibt es erweckte Gebetsversammlungen? Ich schlage den Gemeinden vor, sich einmal ausgiebig Zeit zum Gebet zu nehmen. Zusammen mit Jung und Alt könnte man die Gebetsprinzipien besprechen, in das eigene Leben übertragen und sie im gemeinsamen Gebet in die Praxis umsetzen. Setzt doch einmal Abend für Abend an. Erweckung würde die Folge sein, wenn ihr den Herrn von ganzem Herzen suchen würdet. Gott könnte sich vielleicht langsam aber sicher, schlicht aber ergreifend in seiner Gemeinde und durch seine Gemeinde segnend verwirklichen. Aber ich merke, dass dies vielen schwer fallen wird, das Vertrauen radikal von den Zisternen abzuwenden und es alleine in Gott und sein Wort zu setzen. Ich habe es so oft erlebt, dass es Gemeinden z.B. an Mut fehlt, Veranstaltungen anzusetzen, wenn nicht ein „perfektes" Rahmenprogramm möglich ist. Einige Male wollten sie mich wieder ausladen, weil sie keine Band auftreiben konnten und ihnen das peinlich war. Sie meinten, die Predigt könnte ja nicht viel bewirken, wenn das Keyboard nicht im Hintergrund summt, und die Menschen würden nicht kommen. Das Gegenteil war oft der Fall. Meistens kommen mit jedem Abend immer mehr Menschen, um Gottes Wort zu hören. Ich kann nur betonen, dass wir Gottes Handeln immer wieder da erlebt haben, wo wir schlicht und ergreifend gebetet haben und schlicht und ergreifend das Evangelium verkündigten, so dass Menschen nüchtern eine freie Entscheidung aus Überzeugung für Gott treffen konnten. Habt den Mut dazu. Lasst euch nicht davon abhalten, weil ihr meint, wir haben nicht das zu bieten, was die anderen Gemeinden anbieten. Lass die anderen auf Pottwale warten, nimm du deine Gräte und schaue geistesgegenwärtig auf den Herrn und sei ein Segen. So schlicht und ergreifend kann es anfangen, dass Gott durch dich eingreift und entschlossen durchgreift!

Wir sind dermaßen individualisiert, dass wir das „persönliche Gebet“ dem Gebet mit der versammelten Gemeinde vorziehen. Aber hier verwechseln wir die Reihenfolge. Gottes Wort fordert uns auf, die Versammlungen auf gar keinen Fall zu verlassen (Hebräer 10,25). Dass wir das tun, mit welchem frommen Einwand auch immer, ist ein Ergebnis unserer egoistischen „ich zentrierten“ Gesellschaft der Selbstgenügsamkeit. „Ich genüge mir selber, ich brauche die anderen nicht.“ Hier bin wieder ich im Zentrum und dann kann man vom Beten reden, wie man will, es wird schief gehen. „Glauben ist eine persönliche Sache und gehört nicht in die Öffentlichkeit“, so sagen viele und das ist eine Lüge des Teufels, die sie nachplappern. Viele Gemeinden haben die Lehre im Zentrum und nicht das Gebet. Die richtige Lehre ist lebensnotwendig, aber die richtige Lehre führt doch zu Gott. Das Wort schreit doch nach einer Antwort! So viele reden über Gott und von Gott, aber was nützt alles, wenn wir nicht mit Gott reden? Im Zentrum muss Gott sein, der aufgrund der richtigen Lehre angebetet wird und zu dem die Lehre führt.

In vielen „kirchlichen Kreisen“ wird es nicht anders praktiziert, als das nur „der Geistliche“ von vorne Gebete spricht. So geistlich ist das oft nicht, denn ich bezweifle, ob dieses sterile Leiern ein ernsthaftes Gebet ist. Und selbst wenn, Gott will ein Volk, das ihn anbetet und nicht zuerst einzelne „Geistliche“. „Ihr“ seid der Tempel des Heiligen Geistes, das ist Mehrzahl (1Korinther 6,19.20)!
Wenn wir die ersten Christen beobachten, dann sehen wir, dass sie sich täglich trafen, Gemeinschaft hatten und füreinander beteten. Wo die Probleme sie zu unterdrücken drohten, da sieht man sie gemeinsam im Gebet versammelt Gott preisen. Sie hielten Gott nicht ihre Probleme vor, sondern baten Gott angesichts der Herausforderungen, dass sie weiterhin das Wort mit Freimut verkündigen. Und Gott wirkte eindrücklich! (Apostelgeschichte 4,24; 12,12). Wir müssen wieder die zentrale Bedeutung der Gebetsversammlungen entdecken. Ich bin mir sicher, dass eine Gemeinde nichts nötiger hat als eine lebendige Gebetsversammlung, wo man sich gemeinsam auf den Weg zu einem realen Leben mit Gott und der Erweckung macht, indem das echte Beten gelernt und praktiziert wird. Hier im gemeinsamen Gebet kommen wir uns näher, wenn wir füreinander beten. Hier erkenne ich auch, womit ich dem anderen dienen kann und Segen entsteht durch Weitergeben, Helfen und Auferbauen. Das Band der Einheit und Liebe wird hier geknüpft und gestärkt. In der Gebetsversammlung bekommt man auch die Informationen, die man mit in das persönliche Gebet nehmen kann. Ich erinnere mich an manche Gemeinden, in denen ein Bruder nach vorne kam und mitteilte, wie schlecht es ihm geht. Man konnte beobachten, wie unruhig viele wurden, weil sie so etwas nicht in diesem Rahmen hören wollten. Das war ihnen peinlich. Am Sonntag sollten gefälligst alle dazu beitragen, dass der makellose Schein aufrecht erhalten bleibt. Das ist Heuchelei und Scheinheiligkeit. Eine erweckte Gebetsversammlung würde anders mit Problemen und Herausforderungen Einzelner umgehen. **Prinzip: Erhörtes Gebet beginnt mit gemeinsamem Gebet in der Gemeinde.**

Gebet mit dem Ehepartner: Das gemeinsame Gebet der Gemeinde war der Ausgangspunkt, um das Gebet mit in die privaten und persönlicheren Beziehungen zu nehmen. Petrus sagt zu den Ehepartnern: *„Euer gemeinsames Gebet lasst nicht verhindert werden“* (1Petrus 3,7). Sie beteten in der Gemeinde und natürlich auch mit ihren Liebsten. Da, wo sich Ehepartner Christen nennen und kein gemeinsames Gebetsleben haben, da stimmt etwas nicht. Vermutlich ist unausgesprochene und unvergebene Schuld dazwischen gekommen, was schleunigst im gemeinsamen Gebet geklärt werden muss oder einer oder gar beide sind überhaupt keine Christen oder sie brauchen eine Erweckung in der Ehe! Oft schämen sich Partner zusammen zu beten. Nichts darf unser gemeinsames Gebet verhindern. Da, wo Satan das schafft, da wird es unmöglich, den Haussegen aufrecht zu erhalten. Wie soll Gott eine Ehe segnen, wo nicht beide im vertrauten Umgang mit ihm leben? Wie soll Gott Gemeinden als Ganzes segnen, wenn die Ehepaare nicht im Segen leben wollen? Wie trauen sich Menschen gemeinsam vor den Traualtar, wenn sie sich nicht trauen, miteinander zu beten? Eines der wichtigsten Kriterien bei der Entscheidung für einen Partner muss sein: „Kann ich mit dem Menschen wirklich ernsthaft beten?“ Was soll denn in der Ehe funktionieren, wenn das Gebet nicht funktioniert? Ich würde jedem abraten, eine Beziehung mit einem Menschen einzugehen, wenn dieser kein angemessenes Gebetsleben hat. Mit Nichtchristen sollen wir grundsätzlich keine Partnerschaft eingehen oder fortsetzen, wenn es noch nicht zur Hochzeit kam, da ist Gottes Wort klar und deutlich (2Kor 6,14; Esra, Nehemia). Wir sollten alles dafür tun, dass in unserem Leben ausreichend Zeit für das gemeinsame Gebet mit dem Partner ist.

Da, wo sich Ehepartner Christen nennen und kein gemeinsames Gebetsleben haben, da stimmt etwas nicht.

Gebet mit persönlichen Freunden: Für Nichtverheiratete gilt die Verheißung des Herrn Jesus im besonderen: „Denn wo zwei oder drei versammelt sind in meinem Namen, da bin ich mitten unter ihnen“ (Matthäus 18,20) Es ist so wichtig, dass wir uns gemeinsam die Gegenwart Jesu bewusst machen, wenn wir mit Christen zusammen sind. Wir sollten miteinander und füreinander beten: für die Gemeinde, die Verlorenen, persönliche Anliegen, und Dinge, die der Herr aufs Herz setzt. Wie würden doch manche Abende für einen anderen Verlauf nehmen, wenn wir sie mit gemeinsamem Gebet beginnen und abschließen würden. Manche treffen sich einmal die Woche regelmäßig mit bestimmten Personen zum Gebet; das ist sehr hilfreich, aber das soll uns nicht davor abhalten, auch andere Gespräche in der Gegenwart des Herrn zu führen.

Gebet im Kämmerlein: Jesus legte auch Wert darauf, im stillen Kämmerlein zu beten, und legte das den Menschen ans Herz. *„Wenn du aber betest, so gehe in dein Kämmerlein und schließ die Tür zu und bete zu deinem Vater im Verborgenen; und dein Vater, der in das Verborgene sieht, der wird's dir vergelten öffentlich“* (Matthäus 6,6). Im stillen Kämmerlein entkommen wir der Sinnüberflutung und können in Ruhe unsere Gedanken sammeln. Da gibt es nichts zu sehen, nichts zu hören, nichts zu essen, am besten man geht auf die Knie, damit man im gemütlichen Sessel nicht einschläft. In der Stille kann man sich leichter auf Gott hin ausrichten und seinen Geist oft überzeugender durch unseren Geist in der Seele wahrnehmen (Römer 8,16; 1Thessalonicher 5,23). In der persönlichen Stille angekommen, hat der Beter genügend Gebetsanliegen seiner Gemeinde, aus seinem persönlichen Umfeld und persönliche Dinge, die es zu bedenken und mit Gott zu besprechen gibt. Hier im persönlichen Gebet ist auch die Gelegenheit, in eine tiefere Beziehung mit Gott zu kommen, sich morgens von Gott auf die Anforderungen des Tages vorbereiten zu lassen und am Abend den vergangenen Tag mit Gott zu besprechen. Es gibt keinen Menschen, der eine konstante und tiefer gehende Gebetsbeziehung hat, ohne dass er morgens eine Zeit des persönlichen Gebets hat. Vielmehr kenne ich immer mehr Menschen, die lieber abends früher ins Bett gehen, um morgens mehr Zeit zum Beten zu haben. Ich selber hätte mir das auch nicht vorstellen können. Früher habe ich die Nächte durchgemacht und morgens aufstehen, schien mir unmöglich. Das war mir aus der Zeit als Diskothekenrausschmeißer in Fleisch und Blut übergegangen. Lange Zeit meinte ich, dass ich morgens nicht aufstehen kann, um zu beten. Heute weiß ich, dass ich nicht wollte. Ich wollte mein Training nicht aufgeben, ich wollte nicht darauf verzichten, abends noch fort zu gehen usw. Gott wollte meine ganzen täglichen Prioritäten ändern, um an das Gebet ranzukommen und ich musste darin einwilligen. Erst, als ich mein Hobby aufgegeben hatte, konsequent anfing die wichtigen und nötigen Aufgaben zu erledigen, den Fernseher abschaffte, nicht mehr unnötig abends weg ging, konnte ich auch früher ins Bett gehen, um morgens früher aufzustehen. Aber welche Auswirkungen hatte das doch auf meine Beziehung zu Gott! Wenn wir nicht bereit sind, dass Gott eins ums andere ändert und wir darin einwilligen wird es auch unmöglich bleiben, morgens zu beten. Hier zeigt sich wirklich, ob wir Gott von ganzem Herzen suchen oder nur nebenher, neben Fernseher, Training usw. Heute ist die persönliche Zeit am Morgen meine wertvollste Zeit des Tages, die ich nicht aufgeben werde.

Es ist auch sehr bereichernd mindestens, einmal im Jahr ein paar Tage in die Stille und zu Gott zu kommen, vielleicht auch im Fasten, wenn Gott uns das aufs Herz setzt. Ich kann versprechen, dass es die schönste Zeit des Jahres sein wird, wenn der Beter wirklich Gott als sehr großen Lohn sucht. Das sind die Zeiten, in denen Gott in unserem Leben durch sein Reden und unser intensives Hören alles auf den Kopf stellen will.

Prinzip: Das fruchtbare Gebetsleben beginnt in der Gemeinde, setzt sich in den alltäglichen Beziehungen fort und wird im stillen Kämmerlein vertieft.

16. Prinzip: *Gott erhört Fürbitte*

„Mose bat für das Volk" (4Mose 21,7). Gerade im Alten Testament sehen wir eine Fülle von ernsthaften Fürbittegebeten, die Gott erhörte. Eine überlieferte Begebenheit bei einem der Kämpfe Israels ist sehr bemerkenswert. Wenn Mose die Arme erhoben hielt, siegte das Volk im Kampf. Ließ Mose aber die Arme aus Erschöpfung sinken, da wurde das Volk Israel zurückgedrängt. Welche gewaltigen Zusammenhänge bestehen doch zwischen dem Beten und den Auswirkungen in der Realität! Wen wundert es da noch, dass sich Mose von anderen stützen ließ, damit der Sieg errungen wird. Auch wir sollten uns unbedingt die Gebetsunterstützung anderer Christen sichern und für andere in der Fürbitte eintreten. Jesus betete für seine Jünger: *„Ich bitte aber nicht allein für sie, sondern auch für die, die durch ihr Wort an mich glauben werden"* (Johannes 17,20). Jesus hatte in seiner Fürbitte einen außergewöhnlichen Weitblick, den wir uns angewöhnen sollten. Er ließ es sich nicht nehmen, sogar für die zu beten, die noch gar nicht zum Glauben gekommen waren. Aber er bat das Gebet des Glaubens und wusste schon, dass weitere Menschen zum Glauben kommen würden, für die er schon im Gebet eintrat. Ist das nicht wunderbar? Hier bat Jesus schon für dich und mich! Jesus trat auch in der Fürbitte für Einzelne mit detaillierten Anliegen ein. Für Petrus bat er: *„Ich habe aber für dich gebetet, dass dein Glaube nicht aufhöre. Und wenn du dereinst zurückgekehrt bist, so stärke deine Brüder"* (Lukas 22,32). Petrus kam zurück! Und Petrus änderte seine Einstellung Gott und dem Gebet gegenüber in den zehn Tagen gewaltig. So wurde Petrus ebenfalls einer, der sich im Gebet voll und ganz für seine Brüder einsetzte, um sie zu stärken. Seine gewonnene Einstellung teilt er der Gemeinde entschlossen mit *„Wir aber werden anhalten am Gebet und dem Dienst des Wortes"* (Apostelgeschichte 7,4) Paulus wusste ebenfalls, wie wichtig die verschiedenen Gebetsinhalte sind und forderte die Gemeinde dazu auf, für alle Heiligen in der Fürbitte einzutreten und auch für ihn selber

zu beten. Er wusste, was er bitten nötig hat, wenn sein Dienst gelingen sollte: Fürbitte! *„Und betet allezeit mit allem Gebet und Flehen im Geist und wachet eben dazu mit allem Anhalten und Flehen für alle Heiligen und für mich, damit mir das Wort gegeben werde, dass ich meinen Mund freimütig auftue, um das Geheimnis des Evangeliums kund zu machen"* (Epheser 6,18.19). Für Paulus war Fürbitte ein Kampf. *„Ich ermahne euch aber, liebe Brüder, durch unsern Herrn Jesus Christus und durch die Liebe des Geistes, dass ihr mir helfet kämpfen mit Beten für mich zu Gott"* (Römer 15,30). Es geht um Himmel oder Hölle. Satans Anhänger haben sich längst in den Kampf gestürzt. Wer auf Gottes Seite zu entscheidenden Schlägen für die Ewigkeit ausholen will, der muss dies in der Fürbitte tun. Gott will Gebete erhören. Charles Finney berichtet von einer interessanten Begebenheit, welche uns verdeutlichen kann, wie wichtig Fürbitte ist. In einer bestimmten Gegend brach eine gewaltige Erweckung aus, welche sich über weitere Städte ausbreitete. Viele Menschen kamen in dieser Bewegung zum Glauben. Worauf war sie zurückzuführen? Wie sich nachher herausstellte, auf einen ans Bett gefesselten, lungenkranken Mann! Als dieser starb, fand man seine Gebetstagebücher. Erstaunliches kam zu Tage. Hier war verzeichnet, wann für welche Gemeinde und für welchen Prediger dieser Kranke zu beten anfing. Die Erweckungen sind dann sogar im Detail in der Reihenfolge eingetreten, durch den Prediger, für den gebetet worden war (Charles Finney, „Lebenserinnerungen" Verlag: Gottfried Bernard, 2001). Wir konnen nicht auf Furbitte verzichten, wenn wir Gottes Handeln erleben wollen, und wenn wir etwas Sinnvolles tun wollen, dann sollten wir in die Fürbitte gehen. Wenn ich hier eine Bitte anbringen darf: Wenn es eurer Gemeinde möglich ist, dann nehmt uns und unseren Dienst in die Fürbitte hinein. Betet für die Rettung der Verlorenen in den Randgruppen, betet für uns Holy Riders, dass wir im Glauben und in der Heiligung wachsen und tüchtiger werden zum Werk des Dienstes, betet für die Gemeinden, dass sie ihre Herzen, Arme und Türen für Menschen aus Randgruppen öffnen. Danke dafür!

Es ist wichtig, bei der Fürbitte auf die einzelnen angesprochenen Gebetsprinzipien zu achten. Sie müssen in Geist, Seele und Leib übergehen. Gerade in der Fürbitte ist ernsthaftes Gebet von Nöten, in vielen Fällen anhaltendes Gebet, wie bei Daniel (Daniel 9). Wir müssen uns vom Heiligen Geist leiten lassen und prüfen, ob es sich beim Erbetenen wirklich um Gottes Willen handelt.

Fürbitte für Verlorene: Wir müssen uns neben den erwähnten Punkten beim ernsthaften Gebet zum Thema „Verlorene" auch überprüfen, ob wir wirklich in der Wahrheit beten. Oft hört man in Gebetsversammlungen Familienangehörige für ihre „Lieben" beten. Nicht selten loben sie ihre „Lieben" vor Gott mit Engelszungen und erhoffen sich dabei, dass Gott ihre „Lieben" so retten wird. Es kommt ihnen nicht einmal in den Sinn, dass ihre sog. „Lieben" in Wahrheit gottlose Rebellen sind, die bis her dem Willen Gottes widerstreben und die ewige Verdammnis verdient haben. Ich betone diesen Punkt nicht aus Freude an Härte, sondern damit wir hier aufwachen. Auch in der Fürbitte können wir die Menschen nur durch das Blut Jesu zu Gott bringen. Es ist daher angebracht, uns die wahre Situation der Sünder bewusst zu machen und sie im Gebet, durch das Blut Jesu zu Gott zu bringen und um Gnade für sie zu bitten.
Eine andere Frage, wenn wir für Verlorene beten: Beten wir zur Ehre Gottes? Ist es unsere erste Absicht, dass die Sünder, für die wir beten, Gott die Ehre geben oder wollen wir einfach ein schöneres Leben mit ihnen haben? Gott hat mir diese Frage einmal drastisch bewusst gemacht. Wir trafen uns als Gemeinde regelmäßig zur Gebetsstunde, um auch namentlich für die verlorenen Verwandten und Bekannten zu beten. Mehrere Schwestern brachten die Bekehrung ihrer Ehemänner als Gebetsanliegen vor und wir beteten regelmäßig für diese und erkundigten uns auch immer um deren geistlichen Zustand. Eines Tages rief mich eine Schwester an und teilte mir mit, dass ihr Mann, für den wir gebetet haben, gestorben sei. Die Frau teilte mir mit, dass sie etwas Seltsames erlebt hatte. Morgens um 6 Uhr sei ihr

Mann aufgestanden, habe sie geweckt und sie für alles, was er ihr angetan hat, um Vergebung gebeten. Dann sei er auf die Knie gegangen und habe zu Gott gebetet. Als er aufstand und zum Fenster ging, sei er plötzlich nach hinten ins Bett gefallen und war tot. Das war eine merkwürdige Sache. Natürlich waren wir hin und her gerissen. Gott hatte unser Gebet erhört! Der Ehemann hatte Buße getan. Auf der anderen Seite war das nicht unbedingt das, was wir erwartet hatten. Der Mann war etwas über 50 und mit seinem Tod hatte keiner gerechnet. Doch Gott forderte uns auf, uns zu überprüfen. „Wollt ihr wirklich, dass die Menschen zu mir kommen? Glaubt ihr eigentlich wirklich, dass es um die Ewigkeit geht? Freut ihr euch wirklich darüber, dass der Mann das ewige Leben bekommen hat oder wollt ihr nur bessere Tage mit den „Bekehrten"? Vertraut ihr darauf, dass ich das Richtige getan habe?" Hier kamen wir zur Ruhe und zu neuen Motiven in der Fürbitte. Seit diesem Erlebnis ist es mir wirklich bewusst, dass wir beim Beten bedenken müssen, dass es um Gottes Ehre und um die Ewigkeit geht. Das dürfen wir in der Fürbitte nicht ausklammern.

Vielleicht hast du einen verhärteten Fall zuhause und mit allem, was du sagst, wird die Rebellion Gott gegenüber nur größer. Prüfe es vor dem Herrn, ob es da nicht weiser ist, in Zukunft zu schweigen und schlicht mit guten Taten das Gesagte zu unterstreichen. Vertraue diesen verhärteten Fall Gott im Gebet an. Denke an Abraham und Lot. Sieh, wie Abraham angesichts des drohenden Gerichts für Lot bat. Und sieh, was Gott tat. Er griff ein und rettete Lot, wo schon Schwefel über der Stadt hing. Lot sträubte sich vor der eigenen Rettung, der druckste hin und her und man fragt sich, wie Gott so gnädig mit ihm sein konnte, dass er Lot trotzdem rettete. Die Antwort ist bei Abraham zu finden: *„Und es geschah, da Gott die Städte in der Gegend verderbte, gedachte er an Abraham und geleitete Lot aus den Städten, die er umkehrte"* (1Mose 19,29). Gott vergaß das Gebet Abrahams

nicht und Gott will auch dein Gebet für Verlorene nicht vergessen, wenn du ernsthaft betest.
Ich habe häufig die Erfahrung gemacht, dass es Menschen plötzlich schlechter ging, als ich anfing für ihre Bekehrung zu beten. Zuerst konnte ich das nicht einordnen und meinte, dass Gott mich nicht erhört. Aber heute verstehe ich die Zusammenhänge des Gleichnisses vom verlorenen Sohn besser. Der Sohn kehrte erst um, als er in der vollen Existenzkrise war. Solange er sich noch an andere Menschen hängen konnte, dachte er nicht im Traum daran, sich an Gott zu hängen. Er wurde erst bußfertig, als er fix und fertig war. Leider ist es so, dass mancher unter Schweineniveau sinken muss, wie der verlorene Sohn, damit er zu Gott umkehrt. Aber der Tiefpunkt wurde zum Wendepunkt.
Mit Verhärteten muss man weise sein. Man muss sich im Gebet die Weisheit geben lassen, wie man in welcher Situation handeln soll. Gott wird Weisheit geben, wenn wir ihn darum bitten (Jakobus 1,5).

17. Prinzip: *Gott heilt oder deutet an, was er vorhat*

Jesus lebte so vertraut mit Gott, dass Gott Zeichen und Wunder durch ihn tun konnte. Auch heute stellt sich Gott mit Zeichen und Wundern zu seinem Wort. Nach Gottes Verheißung durften wir immer wieder Zeugen solcher Geschehnisse werden. Auf einem finsteren Rockfestival in Schweden mit 30.000 Besuchern hatten wir eine Bibelverteilaktion. Wir gingen als Team gemeinsam zum Haupteingang und sangen das Lied: „Unser Gott ist ein mächtiger Gott, er herrscht vom Himmel herab mit Weisheit, Liebe und Macht; unser Gott ist ein mächtiger Gott." Ein junger kräftiger Kerl ging gestützt auf einem Stock daher und hatte offensichtlich Rückenbeschwerden. Einer unserer Truppe ging spontan auf ihn zu und fragte, ob er für ihn beten könne. Es waren nicht wenige erstaunt darüber, als der junge Mann nach dem Gebet aufrecht und ohne Stock weiterging. Doch das absolute Wunder kam erst. Er wollte trotz seiner Heilung nichts von Jesus wissen! Das ist oft die Realität. Wunder alleine reichen nicht aus, um zu retten. Oft ist Gott gnädig und offenbart sich in seiner Güte, aber die Menschen bleiben trotzdem verhärtet. Das hat auch Jesus erlebt. Auf diesem Festival wurde auch ein anderer junger Mann geheilt, der extreme Fußeinlagen brauchte, da er einen sichtbar kürzeren Fuß hatte. Nachdem für ihn gebetet worden war, konnte er es nicht fassen. Er ging auf und ab, prüfte und testete, ging hin und her und kam das ganze Wochenende immer wieder mit seinen Kumpels, um mehr über Jesus zu hören. Während einer Gemeindewoche kam nach der Verkündigung ein Mann auf mich zu. Er hatte eine Drogenvergangenheit hinter sich und bei ihm war jetzt Hepatitis C ausgebrochen. Er machte sich große Sorgen und wollte, dass wir für ihn beten. Ich forderte ihn auf, dass er seine Sünden bekennen solle, so wie es Jakobus zum Thema Heilung erklärt. Er wurde etwas unruhig, weil sein Pastor auch dabei stand. Doch er bekannte, dass er eine falsche Haltung der Gemeinde gegenüber gehabt hatte. Er tat Buße darüber, dass er die Versammlung nicht mehr regelmäßig besucht hatte. Ich meinte, dass vielleicht andere Dinge kommen würden, aber hier hatte ihn der Heilige Geist überführt. So beteten wir und dankten Gott, dass auch die Krankheit in Jesus gekreuzigt worden war und befahlen der Krankheit zu weichen (Jesaja 53). Ich hatte in diesem konkreten Fall den Glauben, dass Gott etwas tun will und konnte deshalb zuversichtlich im Glauben beten. Einige Zeit später rief mich der Bruder mit den Worten an: „Du glaubst nicht, was geschehen ist!“ Ich sagte: „Ich glaube schon.“ Er meinte, dass er vom Arzt untersucht worden war und von Hepatitis C keine Spur mehr aufzufinden sei. Gott macht uns im Jakobusbrief deutlich, wie wir für Kranke beten sollen. *„Ist jemand unter euch krank, der rufe zu sich die Ältesten der Gemeinde, dass sie über ihm beten und ihn salben mit Öl in dem Namen des Herrn. Und das Gebet des Glaubens wird den Kranken retten, und der Herr wird ihn aufrichten; und wenn er Sünden getan hat, wird ihm vergeben werden. Bekennet einander eure Sünden und betet füreinander, damit ihr gesund werdet. Das Gebet des Gerechten vermag viel, wenn es ernstlich ist“* (Jakobus 5,14-16). Hier müssen einige Punkte bedacht werden:

Sünden einsehen und bekennen: Das Wichtigste ist, dass uns die Sünden vergeben werden, auch wenn uns die Krankheit als vordergründig dringlicher erscheint. Das Seelenheil ist das Wesentliche und nicht zuerst die körperliche Heilung. Was nützt es, von allen Krankheiten geheilt in das ewige Feuer zu kommen? Auch Jesus machte deutlich, dass die Vergebung der Sünden vor der körperlichen Heilung Priorität hat (Matthäus 9,1ff; Lukas 5,17ff). Als Nikodemus über die Zeichen und Wunder Jesu staunte (Johannes 3), da kam Jesus ohne Umschweife auf das größte Wunder zu sprechen, die Wiedergeburt! *„Wundere dich nicht, dass ich zu dir gesagt habe, dass du von neuem geboren werden musst.“* Immer wieder waren Wunder ein leuchtender Rotstift, mit dem Jesus seine Botschaft unterstrich. Die Botschaft der

Versöhnung und die Aufforderung Jesu, einander zu vergeben, kann einen gewaltigen Einfluss auf Heilung haben. Man weiß längst, dass sehr viele Krankheiten Symptome von Sünde sind. Ein bekannter Psychologe sagte: „Wenn ich meinen Patienten klar machen könnte, dass ihnen ihre Schuld vergeben ist, dann könnte ich 80% von ihnen entlassen.“ Zwischen Heilungen und Versöhnung besteht ein beachtlicher Zusammenhang. In der Geschichte sind sehr viele Heilungen geschehen, wo Menschen sich versöhnt haben. Bei einer Verkündigungswoche thematisierte ich den Zusammenhang von Versöhnung und Heilung. Einen Tag später rief mich ein Bruder an, dessen Schwester ein unheilbares Leiden hatte. Sie hatte sich die Worte der Predigt zu Herzen genommen und als sie sich mit ihrer leiblichen Schwester versöhnt hatte, waren die unheilbaren Beschwerden augenblicklich verschwunden. Jesus hat gesagt, dass er uns nur vergibt, wenn wir anderen auch vergeben. Unversöhnlichkeit unsererseits ist ein Grund, weshalb Gott unsere Gebete, um das Heil und auch oft um Heilung, nicht erhört.

Ernsthaftes Gebet: Wenn es um Gebet für Kranke geht, ist die angemessene Herzenshaltung: Mitleid und Barmherzigkeit. Das können wir bei Jesus deutlich sehen. Wer nicht ernsthaft für einen Kranken betet, der heuchelt ihm nur etwas Religiöses vor und ist im Prinzip froh darüber, wenn er den Kranken wieder verlassen kann und zweifelt auch an der Heilungsabsicht Gottes.

Das Gebet des Glaubens: Wir können dann 100%ig mit einer Heilung rechnen, wenn Gott uns wissen lässt, dass er in diesem konkreten Fall heilen will. Hierbei kann es sich um ein konkretes Bibelwort in die Situation handeln oder eine geistgewirkte Überzeugung oder ein prophetisches Wort. Mancher kam betend zur Überzeugung, dass ein Mensch das Heil in Christus annehmen wird. Ebenso kann ein Mensch im Gebet zur Gewissheit gelangen, dass Gott heilen wird. Dann können wir zuversichtlich glauben, wie Johannes es beschreibt (1Johannes 5,14.15). (Doch

Vorsicht vor Illusionen! Verwechselt nicht eure guten Wünsche mit Gottes Willen.)

Heilung und andere Möglichkeiten: Wenn wir für einen Problemfall beten und Gottes Absichten nicht genau kennen, dann sollten wir beharrlich und mit Ergebenheit beten, bis wir Gottes Absicht erkennen. Manchmal hat Gott mit der Krankheit etwas vor, wovon wir noch nichts ahnen. Wenn Gott mit einer Not einen Sinn verfolgt, dann ist es sinnlos dagegen anzubeten. Es ist dann ratsam beharrlich und ergeben zu beten um zu hören, was Gott denn bezweckt. Gott heilt nicht immer. Es gibt unzählige Berichte, auf welch wunderbare Art und Weise Christen ins Gefängnis oder ins Krankenhaus kamen, um dort Zeugnis für andere zu sein, die dann zum Glauben kamen. Vielerorts meint man, dass Jesus immer heilt, wenn wir für Kranke beten. Dem ist nicht so. Gott kann durchaus andere Dinge im Sinn haben, z.B. dass einer von seiner selbstdarstellerischen Haltung gedemütigt wird oder dass einer in Krankheit Dinge lernt, die er sonst nicht erfahren würde. Watchman Nee war zwei Jahrzehnte im Gefängnis. Dort in der Isolation hat Gott seine mentalen Fähigkeiten derart stärken können, dass seine Schriften bis heute ein gewaltiger Segen an Einsichten und Erkenntnissen für Gottes Gemeinde weltweit sind. Was immer auch passiert: Auf jeden Fall wird Gott uns nicht in Unwissenheit darüber lassen, was für Absichten er hat, wenn wir beharrlich beten. Paulus litt auch sehr mit seinem Pfahl im Fleisch. Vermutlich hatte er ein Augenleiden, weil er den Hohepriester nicht von einer getünchten Wand unterscheiden konnte und bis auf die Unterschrift am Schluss viele seiner Briefe diktierte. Wie dem auch sei, er bat Gott einmal um Heilung, zwei Mal, aber er wurde nicht geheilt. Nach dem dritten mal war Paulus bereit zu hören, warum Gott in diesem Fall das Leid nicht wendet. Und Gott ließ es ihn wissen, so dass er in Gottes Antwort Ruhe und Sicherheit fand. Wir können daran sehen, dass Gott oft andere Möglichkeiten mit unserer Not im Sinn hat, als wir oft zuerst einsehen und wollen. Johannes der

Täufer wurde nicht aus dem Gefängnis entlassen, wie Petrus auf wundersame Weise, sondern hingerichtet. In Hebräer 11 werden uns die Glaubenshelden vor Augen gestellt, von denen manche grauenvoll hingerichtet worden sind. Es ist eine Lüge, wenn Irrlehrer behaupten, dass Gott immer so hilft, dass wir in bessere Verhältnisse kommen, man müsse nur glauben. Was ist damit, dass Jesus die Verfolgung der Gemeinde verheißen hat? Was ist mit all den Märtyrern bis heute? Auch hier müssen wir aus unseren Illusionen erweckt werden. Im Gebet hatte ich einmal ein Bild vor Augen. Ich sah eine Kerze und eine Stimme fragte: „Wo brennt die Kerze heller, im Hellen oder im Dunkeln?“ Ich dachte: natürlich im Dunkeln. Da erkannte ich gleich, dass meine Antwort falsch ist. „Die Kerze brennt im Hellen und im Dunkeln gleich hell, nur im Dunkeln sieht man das Licht der Kerze besser.“ Mir wurde es plötzlich deutlich, was mir Gott damit zeigen wollte. Wir sollen das Licht der Welt sein. So oft sagen wir, dass wir das Licht der Welt sein wollen. Aber warum wundern wir uns dann, wenn Gott in unseren Lebenssituationen das Licht abdreht, damit wir sichtbar in der Dunkelheit für alle leuchten? Warum wundern wir uns, wenn Gott uns in Leidsituationen bringt, in denen unser Zeugnis um einiges heller erstrahlen würde, wenn wir nicht immer gleich an Gott zweifeln würden? Ich machte diese Erfahrung, als ich mit meiner zerschmetterten Hand vor dem Chirurgen saß und er den Kopf schüttelte und mir sagte, dass er nicht garantieren kann, dass die Hand wieder ganz wird. Ich teilte ihm mit, dass er sich keine Sorgen machen solle. Ich sagte ihm: „Ich gehöre nicht zu den Menschen, die sie verklagen werden, wenn die OP nichts geworden ist. Wenn sie das nicht ganz hinbekommen, ist das

So oft sagen wir, dass wir das Licht der Welt sein wollen. Aber warum wundern wir uns dann, wenn Gott in unseren Lebenssituationen das Licht abdreht, damit wir in dieser Dunkelheit sichtbar für alle leuchten?

schon in Ordnung. Ich vertraue in dieser Sache meinem Gott." Er schaute schon ziemlich erstaunt drein. Eine frisch bekehrte Bekannte von mir erhielt die Nachricht, dass ihre Mutter Krebs habe. Sie ging schnell ins Krankenhaus und dort wurde sie gefragt: „Brauchen sie seelischen Beistand?" Sie konnte versichern, dass sie den besten Beistand habe, den es gibt. Jede unangenehme Situation kann ein größeres Zeugnis für unseren Herrn sein als in angenehmen Situationen, wenn wir Gott diesen Vertrauensvorschuss geben, den er in jeder Situation fordert.

Prinzip: Gebet ist nicht zuerst die Möglichkeit, um in bessere Verhältnisse zu kommen, sondern um Gott und seine Absichten zu erkennen und darin einzuwilligen.

18. Prinzip: *Gott tut Wunder*

> *Von Gott reden und ihn nicht Gott sein lassen, ist der Höhepunkt der Gedankenverlorenheit, was man bei liberalen Theologen immer wieder vorfindet.*

Für Gott ist nichts unmöglich. Bedenke einmal: Was ist so besonderes daran, wenn der Schöpfer des Himmels und der Erde Zeichen und Wunder tut? Das kann man von einem Gott doch erwarten. Das ist für ihn nicht schwerer, als wenn ein Kind im Sand spielt. Was soll das Problem sein, dass Jesus auf dem Wasser lief? Dass Jesus von einer Jungfrau geboren ist? Dass Jesus von den Toten auferstanden ist? Entweder ist Gott Gott oder nicht. Aber von Gott reden und ihn nicht Gott sein lassen, ist der Höhepunkt der Gedankenverlorenheit, was man bei liberalen Theologen immer wieder vorfindet. Es muss doch die Norm sein, dass der Gott, der die Naturgesetze eingesetzt hat, sie auch gegebenenfalls außer Kraft setzen und überbrücken kann. Es ist normal, mit Gott Wunder zu erleben. Ein größeres Wunder ist es, wenn wir kein Wunder mit Gott erleben, aber darüber wundern sich nur andere und das Wunder ist nicht erstrebenswert. Das allergrößte Wunder ist, dass sich der allmächtige Gott wundert! Das sollte uns in Staunen versetzen, dass der allwissende Gott sich wundern kann! Gott wundert sich darüber, dass wir nicht in die Fürbitte treten (Jesaja 59,16) und über unseren Unglauben (Markus 6,6). Für Gott ist nichts unmöglich, er will Zeichen und Wunder tun. Aber das größte Wunder ist die Tatsache, dass keiner dafür ins Gebet geht! Das größte Wunder ist, dass wir ungläubig auf Gottes Wunder verzichten. Erstaunlich, dass wir das Potential in unseren Gräten und Brotkanten nicht bewundern! Der Glaube spielt eine wesentliche Rolle in einem „wunderbaren" Leben. Jesus konnte keine oder nur wenige Wunder tun, wenn die Menschen nicht glaubten (Markus 6,5.6). Es besteht ein Zusammenhang zwischen Gottes Wirken und unserem Glauben und

Beten. Lasst uns glauben, dass Gott eingreifen kann und will und lasst uns Gottes Willen deshalb auch in der Fürbitte suchen. Gott ist kein machtgieriger, angeberischer und selbstdarstellerischer Gott. Gott hat es nicht nötig, sich zu beweisen. Was nützt es, wenn Gott durch eine gewaltige Erscheinung am Horizont auftaucht und uns in Staunen versetzt? Damit ändert sich doch mein Leben und die Not der Welt nicht. Was wir brauchen, ist Gottes wunderbares Eingreifen in unserem persönlichen Leben und genau das will er mit unserer Einwilligung tun, aber wie gesagt, manchmal anders als wir uns das vorstellen. Die Wiedergeburt ist das größte Wunder, das Gott an uns vollbringen will. Wie wunderbar ist die Tatsache, dass der heilige Gott uns gefallene und verdorbene Menschen trotzdem liebt und uns annehmen will. Wenn wir uns das glaubend bewusst machen, dann kommen wir aus dem Staunen nicht mehr heraus! „Da am Kreuz hängt der Sohn Gottes zerschlagen und gefoltert aus Liebe zu mir um mir die ewige Verdammnis zu ersparen, der ich mit Riesenschritten entgegen eile! Da am Kreuz wird die Liebe Gottes zu mir offenbar, dass Christus für uns gestorben ist, als wir noch Sünder waren (Römer 5,8). Wer sich über Gottes Liebe am Kreuz nicht jeden Tag aufs Neue verwundert, der ist nicht wiedergeboren oder braucht dringend eine Erweckung!

Wer sich über Gottes Liebe am Kreuz nicht jeden Tag aufs Neue verwundert, der ist nicht wiedergeboren oder braucht dringend eine Erweckung!

Wenn wir lernen, nach dem Willen Gottes zu leben, dann werden wir weitere Gründe der Verwunderung vorfinden. Auch wenn wir das „Kerzenprinzip“ beachten, werden wir sehen, wie Gott sich in den widrigsten Umständen kraftvoll in uns und durch uns verherrlichen kann. Ich kann es aus meinem Leben und Erleben sagen, dass Gott immer wieder Zeichen und Wunder getan hat, aber nie so, dass keine Fragen mehr übrig gewesen wären. Über viele Wunder bekam ich immer wieder Einsatzfahrzeuge für unsere Dienste. Aber das hieß nicht, dass wir nicht auch Pannen oder größere Reparaturen mit ihnen hatten. Ich habe es erlebt, dass ein anderer geheilt wurde und mir schmerzte immer noch der Rücken, so dass ich mich kaum bewegen konnte. Alle Zeichen und Wunder werden nicht die Fragen klären, die das Leben mit sich bringt, deshalb müssen wir Gott im Gebet suchen. Aber Situationen, in denen wir uns persönlich wundern, werden uns immer wieder dankbar und staunend zur Anbetung rufen, und dazu bewegen, Gottes Willen noch überzeugter und entschlossener zu tun.

19. Prinzip: *Gebet in der Verfolgung*

Wenn wir uns die ersten Christen ansehen, können wir nur staunen. Als ihnen Verfolgung angedroht wurde, wenn sie weiterhin das Wort verkündigen würden, da gaben sie nicht kleinlaut auf und trafen sich eben nur noch untereinander und etwas abgeschotteter. Sie kamen auch nicht in der Gebetsstunde zusammen, um Gott vorzuwerfen: „Herr, jetzt haben wir dich verkündigt und jetzt wollen sie uns an den Kragen! Sie werden uns unsere Häuser und die Geschäfte kaputt machen und uns aus der Stadt jagen! Unsere Existenz steht auf der Kippe!" So haben sie nicht gebetet, sondern: *„Als sie das hörten, erhoben sie ihre Stimme einmütig zu Gott und sprachen: Herr, der du bist der Gott, der Himmel und Erde und das Meer und alles, was darinnen ist, gemacht hat..."* Die Gemeinde ließ sich nicht das Bewusstsein von Gottes Gegenwart rauben und mit einem Problembewusstsein ersetzen. Sie vergegenwärtigten sich die gewaltige Allmacht des Schöpfers und begannen ihr Gebet mit Lob. In diesem Sinne ist ein „Lobpreisgottesdienst" etwas Hervorragendes! Die Gemeinde betete weiter: *„... der du durch den Mund Davids, deines Knechtes, gesagt hast: ‚Warum toben die Heiden und die Völker nehmen sich vor, was umsonst ist?' Die Könige der Erde treten zusammen und die Fürsten versammeln sich wider den Herrn und wider seinen Christus. Wahrlich, es haben sich versammelt gegen deinen heiligen Knecht Jesus, welchen diu gesalbt hast, Herodes und Pontius Pilatus mit den Heiden und dem Volk Israel, zu tun, was deine Hand und dein Rat zuvor bestimmt hat, dass es geschehen sollte..."* Die Gemeinde kannte die Schriften, auf die sie sich in Krisenzeiten genauso stützte wie sonst auch. Sie waren in der Lage, ihr „Bibelwissen"

> *Mit seinen verfolgten und trotzdem freimütigen Christen verfolgte Gott ein Ziel: die überzeugende Ausbreitung vom Licht des Evangeliums in der Weltfinsternis.*

für die Gegenwart fruchtbar zu machen. Sie hatten nicht diese kleingläubige Haltung, dass die Schriften zwar wichtig sind, aber in der heutigen Zeit nichts mehr zu sagen haben. Nein! Gerade in der heutigen Not hat Gottes Wort die Anweisung für richtige Herzenshaltungen und Verhalten und deshalb müssen wir an Gottes Wort festhalten! Hier war die Grundlage, um die gegenwärtige Herausforderung zu beurteilen. *„Und nun, Herr, siehe an ihr Drohen und gib deinen Knechten, mit aller Freimütigkeit zu reden dein Wort, indem du deine Hand ausstreckst, dass Heilung und Zeichen und Wunder geschehen, durch den Namen deines heiligen Knechtes Jesus. Uns als sie gebetet hatten, bewegte sich die Stätte, wo sie versammelt waren; und sie wurden alle mit dem Heiligen Geist erfüllt und redeten das Wort Gottes mit Freimütigkeit"* (Apostelgeschichte 4,14-31). Das Ziel der Gemeinde war klar: freimütig das Wort reden! Und wer nach Gottes Willen bittet, der wird Gott erleben, das erlebte die Gemeinde und das sollen wir auch erleben. Der Heilige Geist stellte sich zu dem ernsthaften Gebet und die Christen verkündigten das Wort mit Freimut unter Begleitung von Zeichen und Wundern. Und weil sie dafür tatsächlich verfolgt wurden und trotzdem nicht schwiegen, wurde so das Evangelium im ganzen Land mit den Verfolgten und Verstreuten verstreut – bis zu uns. Mit seinen verfolgten und trotzdem freimütigen Christen verfolgte Gott ein Ziel: die überzeugende Ausbreitung vom Licht des Evangeliums in der Weltfinsternis. So konnte Gott immer die dunklen Zeiten der Geschichte, auch der Verfolgungen nutzen, um sich zu verherrlichen. Wie viele Jahre werden die Christen in China verfolgt! Neulich las ich einen Zeitungsartikel, indem stand, dass es in China mittlerweile mehr Christen als Kommunisten gibt. Eine sehr bekannte Zeitung schreibt von einem „Jesusfieber" in China. Die Prinzipien gelten für alle Zeiten. Die Kerze sieht man im Dunkeln am besten – wenn sie brennt. Brennst du für Jesus? Bist du brennend im Geist und im Gebet?

20. Prinzip: *Kein Wunder, dass Gott durch Elia Wunder wirkte*

Viele leben in dem Irrtum, dass es sich bei der Fülle des Geistes um eine Gefühlsberauschung handelt. Veranstaltungen zielen genau dahin ab, Menschen mit psychologischen Tricks zu „emotionalisieren“. Im Gefühlsrausch der eingespielten und sanften Worte wähnt man sich schon im Himmel. Aber wo ist am Tag darauf die Kraft für ein heiliges Leben? Man ist aus allen himmlischen Gefühlswolken zurück in seinen Teufelskreis gefallen. Wo ist die Treue und Sieg über Sünde, wenn die Gefühle weg sind oder man sich in bestimmten Umständen sogar schlecht fühlt? Echter Glaube glaubt dennoch und trotzdem und trotz den Gefühlsschwankungen! Ein auf Gefühlen aufgebautes Leben ist nicht alltagstauglich und ich zweifle, ob es etwas mit der Geistesfülle zu tun hat, welche Gott verheißt. Echte Geistesfülle hat ihren Ursprung in Gott, denn Gott ist Geist. Deshalb kann die Geistesfülle auch nur der haben, wer erstens mit Gott versöhnt ist und zweitens im Bewusstsein von Gottes Gegenwart handelt. Geistesfülle kann keiner losgelöst von Gott haben. Ich kann mit einem Eimer das Wasser von der Quelle mitnehmen, aber ich kann Gottes Geist nicht von der Quelle lösen. Gott ist die Quelle des Lebens und es ist Sünde, diese Quelle zu verlassen (Jeremia 2,13). Jesus kam, um in uns diese Quelle des Lebens wieder zu wirken (Johannes 4; 7,38). Wir sollen mit der Quelle des Lebens leben und nicht mit einem Eimer. Als wir noch jünger waren, musste mein Bruder und ich abends immer abwechselnd Milch vom Bauern in einer Milchkanne holen. Eines Tages, als mein Bruder an der Reihe war, hatte sich jemand unter einem Auto versteckt und als mein Bruder vorbeikam, brüllte er abscheulich unter dem Auto hervor, sodass mein Bruder vor Schreck die Milchkanne hinpfefferte und

Echter Glaube glaubt dennoch und trotzdem und trotz den Gefühlsschwankungen!

schreiend davonrannte. Als meine Mutter dann aus dem Haus kam, kroch ich unter dem Auto hervor und rannte in die andere Richtung. Ähnlich geht es uns, wenn wir mit einem „Eimer" auf die „christlichen Veranstaltungen" gehen, um dort „aufzufüllen". Satan juckt das nicht. Er wartet schon an der Ausgangstüre und als brüllender Löwe weiß er, wie er uns dazu bekommt, unser sog. gefülltes Eimerchen hinzuschmeißen. In Wahrheit sind wir oft gar nicht erfüllt, sondern gefühlsberauscht. Deshalb werden wir auch alles hinschmeißen, wenn andere Gefühle in uns hochkommen. Anders ist es, wenn wir unter dem Einfluss des gegenwärtigen Gottes stehen. Wer wacht und betet, der muss nicht in Anfechtung fallen. Wer ein lebendiges Bewusstsein von Gottes Gegenwart in verschiedenen Umständen verliert, der hat damit auch die Fülle des Geistes und die Vollmacht verloren. Es wird ihm schwer möglich sein, in solch einer Situation geistlich zu handeln.

Sehen wir mal auf Elia, durch den Gott vollmächtig wirken konnte. Wie äußert sich seine Vollmacht? In der gottlosesten Zeit, die damals vorherrschte, stellt er sich vor den gottlosesten König aller Zeiten und sagt: *„So wahr der Herr, der Gott Israels, lebt, vor dem ich stehe: Es soll diese Jahre weder Tau noch Regen kommen, es sei denn ich sage es"* (1Könige 17,1). Elia hatte sich in keinem Lebensbereich von den Werten und Zielen der gottlosen Gesellschaft beeinflussen lassen. Elia stand vollmächtig und entschlossen unter dem heiligen Einfluss Gottes. Was war das Geheimnis dieser heiligen, unbeugsamen, standhaften und wortgewaltigen Vollmacht Elias? Elia sah nicht zuerst den gottlosesten König, sondern den König der himmlischen Heerscharen. Elia stand nicht zuerst vor dem Mann, der ihm etwas antun könnte, sondern Elia stand vor dem lebendigen, gegenwärtigen und handelnden Gott. Elia nahm Gott wahr. Elia hatte ein lebendiges Gottesbewusstsein. Ströme des lebendigen Wassers flossen aus Elia, weil er unter dem bewussten Einfluss des gegenwärtigen Gottes stand. Elia war der Segensträger seiner Zeit und du sollst es heute sein. Wir denken: „Ach hätte ich solch

ein Selbstbewusstsein und Vertrauen wie Elia, dann würde ich auch vor meine Mitmenschen treten können und ihnen Gottes Meinung sagen!" Aber genau hier liegt der Fehler! Dein Selbstbewusstsein reduziert dich auf dich selbst! Dein Selbstvertrauen kann nur mit deinen begrenzten Möglichkeiten rechnen und handeln und diese Rechnung geht nicht auf! Was du brauchst, ist ein Gottesbewusstsein und Gottvertrauen! Das ist der biblische und lebendige Glaube: „Ich habe ein Bewusstsein von Gottes Gegenwart und ich glaube, dass er das tut, was er verheißen hat." Was würde sich denn alles in unserem Leben ändern, wenn wir wirklich glauben würden, dass Gott hier ist? In jeder Situation. Was würde sich alles ändern, wenn wir doch endlich glauben würden, dass Gott keine unserer Situationen egal ist, sondern dass er in jeder Situation eine Meinung und Absicht hat und Kraft zum Handeln wirken möchte. Ein echter Glaube, eine ungetrübte Wahrnehmung Gottes, ein echtes Gottesbewusstsein würden uns in die angemessene Haltung Gott gegenüber bringen und lassen. Diese Haltung wäre Hingabe aus Vertrauen und freiwilliger Überzeugung an Gott, mit der Einwilligung, dass Gott an mir, in mir und durch mich wirksam sein kann. Nur in der bewussten und überzeugten Hingabe an den gegenwärtigen Gott können wir aus der Fülle des Geistes handeln. Doch ohne Schöpfer bist du, Geschöpf, im Leben und Dienst bald erschöpft.
Gott teilte dem Elia mit, dass er beabsichtigte, eine Dürre über das Land zu bringen, um das gottlose Volk zur Einsicht und Umkehr zu bewegen. Das richtete Elia dem gottlosesten König aus. Elia rechnete mit den Zusagen Gottes. Er vertraute dem lebendigen Gott, dass er tut, was er zu tun beabsichtigt. Wie war Elia so vertraut mit Gott und seinen Absichten? War Elia ein Übermensch? Nein. Gott lässt uns in seinem Wort ausrichten: *„Elia war ein schwacher Mensch wie wir..."* (Jakobus 5,18). Elia hatte auch Sorgen, Probleme, innere und äußere Konflikte und hatte ebensoviel zu verlieren wie wir. Aber was war sein Geheimnis? *„Elia war ein schwacher Mensch wie wir, aber er betete ein Gebet..."* Das Geheimnis von Elias Wirksamkeit und Vollmacht war, dass

Elia betete. Ein Gebet genügt, wenn es wirklich ein Gebet ist! Gott ist ja immer gegenwärtig, aber echtes Gebet wendet sich dem gegenwärtigen Gott bewusst zu und gibt sich Gott bewusster hin. Neben vielen anderen Segen vertieft echtes Beten auch das Bewusstsein von Gottes Gegenwart! Echte Beter können es mit Elia bezeugen, dass ein Bewusstsein von Gottes Gegenwart in allen Situationen und unter allen Umständen möglich und sogar notwendig ist! Als Elia Gott nachher aus den Augen verlor und sein Gottesbewusstsein in einem Problembewusstsein unterging, da war der Burnout absehbar, den Elia erlebte. Nur im Bewusstsein von Gottes Gegenwart haben wir die Voraussetzung, dass wir aus Gottes Kraft den Willen Gottes verwirklichen. *„...Das Gebet des Gerechten vermag viel, wenn es ernstlich ist.“* Im Gebet teilte Gott Elia mit, dass er eine Dürrezeit beabsichtigte, betend erfuhr Elia, dass Gott Feuer vom Himmel lassen will und betend erwartete Elia, dass Gott sein Wort hält. Im Gebet erwartete Elia auch den verheißenen Regen. Alles, was Gott vorhatte, begleitete Elia betend – das ist der Weg, Gott zu erleben! So wundert es niemand, dass Elia Wunder wirkte, denn dass Gott wunderbar am Werk ist, das ist für Gott normal.

Wer Gott so wahrnimmt, wie er ist, der reift an gesunder Gottesfurcht und wer vor dem lebendigen Gott kniet, der kniet nicht mehr vor Menschen und der Sünde. Viele sagen heute, dass man Gott nicht fürchten muss. Aber warum fürchten sie sich vor Menschen, wenn sie Gott bekennen sollen? Warum schlägt ihnen das Herz bis zum Zerplatzen, wenn sie Gott bezeugen sollen? Geistloses Gerede. Sie fürchten Menschen, weil sie sich in einer unangemessenen Haltung Gott gegenüber befinden.

Wer Gott so wahrnimmt, wie er ist, der reift an gesunder Gottesfurcht und wer vor dem lebendigen Gott kniet, der kniet nicht mehr vor Menschen und der Sünde.

Dein Selbstbewusstsein reduziert dich auf dich selbst. Verlass dich nicht auf dein Selbstvertrauen, sonst bist du gottverlassen, wenn es darauf ankommt. Werde stattdessen ein hingegebener Beter, der Gott und seine vertraute Gemeinschaft und seinen Willen sucht und tut. Lebe im Bewusstsein von Gottes Gegenwart und lass so dein ganzes Leben von Gott durchdringen. Gottvertrauen aus dem Gottesbewusstsein ist der Schlüssel zu Vollmacht und Sicherheit und Überzeugung, um Gott freimütig zu bekennen.

Schlussbemerkungen: Lieber Leser, vertraue darauf, dass es nichts Wichtigeres gibt als zu beten. Vertraue darauf, dass Gott in dir und durch dich wirken will und deine Gebete erhören möchte. Bedenke eines: Wärst du der einzige Christ auf Erden, würde Gott sich nicht intensiver mit dir und deinen Gebeten befassen wollen, als er es jetzt zu tun beabsichtigt. Gott wartet in seiner Liebe und mit Wohlwollen darauf, dass du dich im Vertrauen und aus freiwilliger Überzeugung ihm hingibst, um seinen Willen zu tun. So wirst du Gott die Möglichkeit geben, sich segnend in deinem Leben und Dienst zu verherrlichen. Mache Gebet zu deiner Hauptaufgabe, denn von Gott, der Quelle des Lebens, fließen die Ströme des Segens in alle Lebensbereiche. Thematisiere das Gebet in deiner Gemeinde. Was würde alles möglich werden, wenn wir als Gemeinden wieder Gott im Zentrum erkennen und anbeten würden. Was könnte Gott alles in uns und durch uns und mit uns wirken, wenn wir als Gemeinden zu der Tiefe eines möglichen Gebetslebens vordringen würden? Die Antwort heißt: Erweckung, Heiligung, Evangelisation!

Vorschlag: Setzt doch eine Gebetswoche in eurer Gemeinde an, wo ihr Abend für Abend die einzelnen Gebetsprinzipien besprecht und betend in die Praxis umsetzt. Gott sagt: *„Wer mich von ganzem Herzen sucht, von dem will ich mich finden lassen“* (Jeremia 29,13).